AVANT J'AVAIS DES PRINCIPES
MAINTENANT JE SUIS PAPA

Des premiers pas au Terrible Two

DU MÊME AUTEUR :

2017
- *L'interphone ne fonctionne toujours pas (partie 1)*, Rebelle Editions, (romance)
- *L'interphone ne fonctionne toujours pas (partie 2)*, Rebelle Editions, (romance)

2019
- *Projet Mars Alpha*, Amazon/BOD, (Anticipation)
- *Deux degrés et demi*, Amazon/BOD, (Anticipation)

2020
- *Avant j'avais des principes maintenant je suis papa – De l'accouchement aux premiers pas*, Amazon/BOD, (Témoignage)
- *L'interphone ne fonctionne toujours pas (réédition)*, Amazon, (Romance/Thriller Psychologique)
- *Abyssjail*, (Anticipation, Post-Apocalyptique)

Pierre-Etienne BRAM

AVANT J'AVAIS DES PRINCIPES MAINTENANT JE SUIS PAPA

Des premiers pas au Terrible Two

Design couverture @ PE BRAM
Idée originale des illustrations @ PE BRAM
Réalisation des illustrations @ Pia IMBAR
ISBN : 9798737939830
Dépôt légal : Mai 2021
Première édition : Juin 2021
Copyright © 2021 Pierre-Etienne BRAM

« — Tu ne veux pas dire oui petit ours brun ?
— Non, non et non ! »
Petit ours brun, épisode 123

« Non, non, non. Non ! Non ! »
Vilaine

« Non ! »
La Zizanie

« Ça va pas non ! »
Simon Lapin

Avant-propos

J'ai longtemps hésité avant de me lancer dans l'écriture de ce deuxième tome. Je savais que j'étais attendu au tournant, et qu'il serait bien évidemment très différent du précédent : rien ne peut être comparable à la première année de la vie d'un bébé, de ses premiers jours à sa première bougie.

Et puis avec le recul, je me suis dit : « Pourquoi vouloir les comparer ? Ce nouveau tome parlera de choses différentes, d'autres concepts, de nouveaux moments de bonheur et surtout de plein de nouvelles conneries. »

J'aimerais bien vous dire qu'après avoir lu ce témoignage, vous aurez la réponse à toutes les questions que vous vous posez sur cette période, que votre enfant dormira bien la nuit, que vous ne serez plus surpris par son Terrible Two.
Mais ce serait vous mentir.

Je me contenterai de vous dire qu'en lisant ces pages, vous découvrirez mes joies et mes peines de papa, ainsi que celles de ma femme. J'y ai écrit avec le plus d'authenticité possible toutes les réflexions et autres instantanés de mon quotidien et de celui de Léon, mon fils, dès lors qu'il a commencé à marcher quelques jours après avoir fêté sa première année, jusqu'à ses 3 ans. C'est durant cette phase (lourdement impactée par ce foutu confinement) qu'avec lui, j'ai appris à faire face à un enfant dont la plus grande passion était de nous dire « non ».

Peut-être qu'à la fin de cette lecture, vous comprendrez mieux cette petite phrase que me répète souvent ma mère : « Petits enfants, petits soucis, grands enfants, grands soucis. »

Prologue

— Je prépare un combien ?
— Un 210.
— Avec ou sans céréales ?
— Tu peux en mettre deux cuillères. Ou plutôt trois, va.

Je repense à ce rituel quotidien et à cette question que je pose tous les soirs (ainsi qu'en début d'après-midi le week-end) à madame, dépendant fortement de l'intérêt porté par Léon à son dîner : « Est-ce que je lui prépare un petit, un moyen ou un gros biberon ? » Ce soir, ce sera un moyen. Je le remplis de 210 millilitres d'eau Cristalline en ayant en tête l'empreinte écologique de toutes ces bouteilles de plastique vides qu'on a utilisées pour le nourrir « parce que c'est mieux que celle du robinet ». Je sors la boîte de lait en poudre 3e âge, et je commence à compter.

1 cuillère.

Beaucoup de choses apprises à l'école sont rapidement oubliées ou ne seront jamais exploitées en tant qu'adulte : la table de multiplication de trois, elle, est « vitale » pour les futurs parents. La cuillère correspondant à 30 millilitres, il faut toujours que le contenu soit divisible par 3... (le rapporteur, quant à lui, mis à part avoir servi de modèle sur le dessin de ce chapitre, je ne l'ai jamais réutilisé depuis la fin de ma scolarité... Et vous ?)

2 cuillères.

Je me revois, quelques jours après sa naissance il y a maintenant un peu plus de deux ans, en train de paniquer devant le premier *bib* que je devais lui préparer. On était tellement persuadés que l'allaitement au sein fonctionnerait... Néanmoins, contrairement à ce qu'on avait en tête, ça ne s'était pas vraiment passé tel qu'on l'avait espéré. Je ne sais pas combien on a pu lui en préparer depuis, mais une chose est sûre, c'est qu'il y en a eu un certain nombre...

3 cuillères.

Et quand j'y repense, combien de ces biberons ont pu finir dans l'évier, car il les réclamait, en prenait deux gorgées, et puis finalement n'en voulait plus ? Enfin... ça, c'était

« avant », lorsque bébé souffrait de ce foutu RGO [1], qui lui a pourri la vie (ainsi que la nôtre par la même occasion) de longues semaines jusqu'à ce qu'on trouve un médecin qui ait le courage de nous prescrire un traitement à base d'Inexium.

4 cuillères.

Ses problèmes de digestion ont fini par se calmer lorsqu'il a commencé à se tenir assis, vers le 5e mois. Ou peut-être était-ce le 6e ? Ça me paraît déjà tellement loin. C'est fou le travail de la mémoire sélective, qui se charge de se débarrasser de tous les souvenirs désagréables pour ne garder que les bons. Heureusement, cela dit, sans quoi je suppose que les parents ne remettraient jamais le couvert après leur premier ! De notre côté, on pensait qu'une fois son foutu problème de RGO résolu, dans la foulée, il dormirait mieux... Ah ah. Si seulement…

5 cuillères.

Ce point précis ne s'est pas amélioré avec le temps (me faisant un peu plus détester tous mes potes qui avaient des enfants faciles, réglés comme une horloge dès leur 3e semaine, et qu'il fallait « réveiller le matin », un concept qui nous était totalement étranger). Ne tenant pas compte de notre fatigue liée aux petites nuits qu'il faisait, réclamant souvent un ou deux *bib*, bébé a néanmoins continué à se développer, apprenant dans un premier temps à passer de couché sur le dos

---

[1] Reflux gastro-œsophagien : Le reflux gastro-œsophagien ou RGO est la remontée involontaire du contenu de l'estomac dans l'œsophage. Courant chez les bébés, il provoque des régurgitations. Sans gravité, il peut toutefois être responsable d'œsophagites.

à sur le ventre, puis l'inverse. Il a entamé ensuite le quatre pattes en marche arrière, et enfin en marche avant... Puis, aidé du mobilier à sa disposition, et parfois des bras de son papa, il a commencé petit à petit à vouloir se déplacer en étant debout.

6 cuillères.

À l'approche de son premier anniversaire, on a tenté de faire le bilan, mais ces douze premiers mois s'étaient écoulés bien trop rapidement : forcément, quand on n'a plus trop de temps pour soi, il passe d'autant plus vite... On attendait avec impatience qu'il se mette à marcher, espérant secrètement que ça le fatiguerait et que grâce à ça, il dormirait mieux la nuit... Et quelques jours après avoir soufflé sa première bougie, il a fait ses premiers pas (pas deux ou trois, mais bel et bien une promenade d'environ un petit quart d'heure, sans s'arrêter, à découvrir et à explorer le gigantesque jardin de sa mamie) ! Quel beau cadeau il nous avait fait ce jour-là !

7 cuillères.

On pensait que désormais il passerait moins de temps dans nos bras (*spoil* : « ah ah », je n'en dis pas plus), l'avenir nous le dirait. La prochaine étape théorique de son développement c'était la parole. On se doutait que ce serait sûrement un grand bavard, et l'on supposait que ça nous permettrait de plus facilement nous comprendre, que ce soit au niveau de l'expression de nos désirs, ou de ses propres besoins.

1 cuillère de céréales.

Et croyez-moi, on n'a pas été déçus (*spoil* : quoi que...). Après un an à gérer de nouvelles peurs liées au fait que monsieur se déplaçait de plus en plus aisément sur ses deux jambes (explorant ainsi son environnement, et découvrant de ce fait de nouvelles « expérimentations » à faire, se traduisant par de belles bêtises à nos yeux), aux environs de ses 2 ans, les mots épars qu'il prononçait sont soudainement devenus des phrases.

2 cuillères de céréales.

On s'en souvient relativement bien, car c'était tombé quasi au même moment que le 1er confinement de mars 2020, durant lequel on ne pouvait sortir qu'une heure par jour (avec les parcs fermés...). Et dès lors qu'il a été capable de s'exprimer, très rapidement, il a abusé du mot « non ». Certes, il le faisait déjà avec la tête, et le prononçait un peu par-ci par-là, mais là... il s'est soudain mis à l'user, tout le temps, en permanence. Certains jours, il lui arrivait de se rouler par terre de colère, pour qu'on ait bien en mémoire qu'après bientôt deux ans à respecter tous nos desiderata, désormais il ne serait plus d'accord avec rien (ou presque). C'est à ce moment-là qu'on s'est renseignés sur le Terrible Two... et qu'on a commencé à se douter qu'on allait encore bien en baver.

20 h 30.

Je secoue vigoureusement le biberon (après une fois de plus avoir vérifié que la tétine était bien vissée...), et l'apporte à mon petit Léon, déjà allongé à côté de sa maman dans sa chambre (ah oui, j'oubliais : il refuse de dormir si elle n'est pas là, ça aussi ça allait être un problème, tôt ou tard). Il se jette goulûment dessus et le vide en quelques minutes, mais il faudra encore une bonne demi-heure (les bons jours), voire quarante-cinq minutes à une heure (les jours normaux) avant qu'il réussisse à tomber dans les bras de Morphée, et vu que l'endormissement a lieu sur un tapis par terre, qu'elle le transfère dans son lit (ou pas selon la motivation du moment).

21 h 12.

Ma femme vient alors me rejoindre, et en me faisant un câlin, elle me confie : « C'était presque rapide ce soir ! »
On espère que cette nuit, contrairement à la précédente, il ne se réveillera pas vers 4 heures du mat pour quémander un *bib* (qu'il ne boira probablement pas) pour ensuite se rendormir avec sa maman dans le canapé du salon...

Parce que bon, à bientôt 2 ans et demi, ça commence à être chiant.

Mais je vous en ai déjà trop dit. Je vous propose de revenir quelques mois en arrière, lorsque notre petit Léon venait de souffler sa première bougie, et était tout content pour l'occasion de s'offrir à quelques jours près ses premiers pas : ça y est, notre bébé marchait enfin. Une nouvelle période allait commencer, où il allait découvrir plein de choses : l'indépendance, la nature, la liberté et bien entendu, de nouvelles conneries à faire.

Chapitre 1 : Des pas... et de nouvelles frayeurs

13 mois.

Ça y est, bébé marchait. Enfin. Les premiers jours, il tombait beaucoup, mais ça n'a pas duré bien longtemps. Avec ce nouveau moyen de déplacement, il venait de découvrir un super-pouvoir inédit : avoir la possibilité de transporter les choses. Ça pouvait être par exemple des livres qu'il voulait qu'on lui lise (disons plutôt qu'on appuie avec lui sur le chat qui fait *miaou* ou le poussin qui fait *cuicui*), mais aussi des bouteilles en plastique vides, des chaussettes, des éléments de sa table d'éveil, les télécommandes, nos smartphones, nos chaussures ou les siennes, des rouleaux de PQ... Bref, tout ce qui lui passait sous la main.

Après avoir compris la puissance de ce nouveau talent, il a décidé qu'il allait chiper des objets du quotidien (en douce, la plupart du temps), pour les mettre dans sa cachette secrète. C'est ainsi que lorsqu'on cherchait quelque chose, on allait souvent voir dans la baignoire (on l'avait grillé lorsqu'on avait tenté de nous joindre sur notre téléphone, et que ça avait vibré dans la salle de bain).

C'est à cette période qu'on s'est demandé à quoi cela servait de lui acheter des jouets, quand on constatait la joie dans son regard à taper par terre avec les bouteilles vides en plastique pour faire du bruit ou avec ses boîtes de lait en poudre sur lesquelles il prenait un malin plaisir à tambouriner parce que ça résonnait... Finalement un bébé/enfant en bas âge, c'est un peu comme un chat : un rien l'amuse, c'est le second point commun avec le fait qu'on adore les photographier et le poster sur nos réseaux sociaux favoris (même si c'est déconseillé, hein...)

Dans le genre des nouvelles bêtises qu'il avait appris à faire depuis qu'il marchait, citons également « l'ouverture de la poubelle », soit pour y mettre des choses, soit pour en sortir (et les mettre ailleurs). Autant vous dire que conjugué au moment où il avait encore tendance à goûter tout ce qu'il prenait dans sa main, on était ravis. C'est à cette période-là qu'on a vu plusieurs objets disparaître de notre appartement, probablement balancés par mégarde : la balayette, une brosse à cheveux, et sûrement d'autres bricoles qu'on n'a jamais retrouvées.

La plus mémorable de ses nouvelles bêtises restera quand même le jour où il a mis tous les rouleaux de PQ (à sa portée) dans les toilettes, avant de sortir de la pièce, vraisemblablement fier de lui. S'il avait pu siffloter, je suis certain qu'il l'aurait fait, en mode « J'ai fait comme eux, j'ai jeté le papier toilette dans les W.-C., ça, c'est bon, c'est fait... Étrange pratique d'ailleurs, mais bon c'était bien marrant ! » Avec le recul, on s'était dit que ça aurait pu être pire, ça aurait pu être en plein confinement...

Léon commençant à gambader avec de plus en plus d'aisance, il était plus que nécessaire de remplacer ses petits chaussons par de vraies chaussures. Et là, comme par le passé, nous avons rapidement réalisé que ce qui semblait à première vue un détail serait en réalité bien plus compliqué. Il allait nous falloir choisir un camp : celui des « chaussures à semelles et tiges rigides », ou celui des « chaussures à semelles souples ». Eh oui, être parents c'est comprendre que souvent il n'y a pas qu'une vérité, mais plutôt « des » vérités. Pour le confort et la bonne motricité de notre fils, on allait devoir faire un choix, de préférence le bon. À côté de ça, hésiter entre couper le fil bleu ou le rouge dans les films d'action de Bruce Willis, c'est franchement de la pure rigolade.

Avant de me replonger dans mes souvenirs et de me mettre à écrire ce livre, j'étais persuadé que les chaussures à semelles rigides, que nos parents nous faisaient porter, c'était de l'histoire ancienne... Mais visiblement, il n'en est rien.

Malgré le fait qu'on avait fait notre choix en amont, je vais « tenter » malgré tout de rester le plus objectif possible :

Les avantages des chaussures à semelles souples, ça permet entre autres :
- de laisser le pied se plier naturellement, le pied n'étant pas une masse rigide, mais bien composé de nombreux os, muscles et tendons ayant pour rôle de se mouvoir et de nous tenir en équilibre ;
- de muscler la cheville, car elle est mobile ;
- d'optimiser sa motricité.

Les inconvénients :
- en fonction des modèles, elles peuvent parfois être un peu glissantes ;
- si elles sont trop souples et s'il y a trop de cailloux par terre, votre enfant pourra les ressentir (le pied dispose de nombreux capteurs sensoriels qui ne sont pas là par hasard, ils nous transmettent de nombreuses informations sur le type de sol, ses irrégularités, etc., et ce afin d'adapter ses mouvements) ;
- ça fera sûrement un nouveau sujet de discorde avec vos parents (ou qui que ce soit du camp opposé), car eux ne juraient que par la semelle rigide et un bon maintien de la cheville (mais on leur pardonne, ils ne savaient pas que de marcher avec des bottes de ski pouvait être délétère).

Les avantages des semelles rigides :
- ça permet de protéger le talon et la cheville, surtout si vous décidez de visiter une fabrique de silex ;

- votre enfant marchera sans aucun souci le jour où il portera aux pieds des chaussures de ski ;
- vos parents se réconcilieront avec vous (parce que vous les aviez vexés quand vous leur aviez dit que le morceau de sucre c'était une technique barbare lorsque les bébés font leurs dents).

Les inconvénients :
- limite les mouvements des pieds de votre bambin ;
- bloque la musculation de la voûte plantaire ;
- diminue la phase de proprioception, pourtant nécessaire pour son bon équilibre.

C'était donc avec l'objectif de trouver des chaussures à semelles souples que nous lui avions acheté sa première paire (sur Internet, après un bon retour sur un modèle de premiers pas). Sauf qu'après l'avoir réceptionnée, au moment des essayages, il s'était avéré que c'était la bonne taille, mais allez comprendre pourquoi, il rentrait difficilement dedans et ne faisait que tomber... Perplexes, nous nous étions rendus dans une boutique spécialisée. La vendeuse, qui connaissait plutôt bien son job, nous avait alors expliqué :

— Il a un coup de pied fort.

— Euh... C'est-à-dire ?

— Contrairement à la plupart des autres enfants, la partie entourant le dessous de la cheville est un peu plus enrobée, il lui faut donc un certain type de chaussures, plus adapté pour lui.

On venait de découvrir qu'il y avait plusieurs morphologies de pieds différentes... Ben oui, ça aurait été trop facile sinon.

Rien de grave, et c'est finalement un modèle de Kickers souple (gamme en S) à scratch que nous lui avons choisi. Grand bien nous a pris, car clairement, il s'est mis à galoper Je ne saurais trop vous conseiller de passer par une boutique (que vous aurez au préalable sélectionnée selon votre choix : semelles souples ou dures) pour la première paire de votre enfant. Par la suite, quand vous aurez un modèle en tête, n'hésitez pas à préférer acheter (et revendre) d'occasion : les chaussures neuves coûtent vraiment un bras, et durent assez peu longtemps, pour la simple et bonne raison qu'à cet âge-là, votre bébé pousse très vite, et son pied aussi ! De plus, elles peuvent s'acheter d'occasion, car elles ne subissent pas de déformations contrairement aux modèles rigides.

Une fois Léon correctement chaussé, nous nous étions rendus au parc, pour qu'il puisse enfin en profiter pour gambader (sachant que ce coup-ci, on n'aurait pas à le porter dans nos bras... Ah ah, douce naïveté). Et là, on s'était souvenus de quelque chose : il n'était pas totalement sorti de sa phase : « Tout ce que je prends dans ma main je le mets dans ma bouche afin de découvrir quel goût ou quelle texture ça a... » Vous la voyez venir la connerie ? Tout ce qu'il trouvait par terre, incluant donc essentiellement cailloux de toute taille, mais aussi feuilles, branches, mégots, bouts de verre... il le portait à sa bouche.

Et comme si ça ne suffisait pas, Léon étant également en train de perfectionner sa motricité dite « fine » (comprenez « l'art de saisir de petites choses avec ses doigts »), l'un de ses hobbies consistait à cueillir des minuscules baies rouges dans les arbustes de la ville, et de marcher avec. Pour les promener, sûrement, je ne vois que ça.

Rappelez-vous la manière dont nos parents nous engueulaient quand on faisait pareil : « NE TOUCHE PAS À ÇA, C'EST DU POISON ! »

Quarante ans plus tard, cette notion de poison me renvoie (personnellement) à la terrifiante scène dans Game Of Thrones *durant laquelle Joffrey Lannister décède dans d'horribles souffrances, empoisonnée par... je ne vous dirai pas qui (spoil : Olenna Tyrell). Donc, en voyant ce à quoi ressemblait le fait d'ingérer du poison, du vrai (si vous ne voyez pas à quoi je fais allusion, ayez juste en tête que ce n'est pas très beau à regarder, même si l'on déteste le protagoniste qui le subit), on s'est rapidement renseignés sur les risques de cette fameuse plante dans le cas où un bébé (le nôtre par exemple), d'une manière totalement accidentelle (du genre qu'il s'amuserait à le mettre dans sa bouche) en mangerait.*

Nommées « pyracantha », « skimmia » ou autre « cotonéaster », ces végétaux sont dits « toxiques » (alors que pourtant les oiseaux en raffolent), mais rassurez-vous, ils ne provoquent pas la mort. En réalité, c'est possible, mais il faudrait véritablement s'en prendre une grosse plâtrée, ce que votre enfant ne fera (je l'espère) pas. En cas d'ingestion, très souvent leur goût amer fait qu'il la recrache quasi systématiquement, et si (pas de bol) il aime ça, il y a de fortes probabilités pour que ça se termine juste par une bonne diarrhée, rien de plus (un coup de peinture sur les murs, et on n'en parle plus). Et vu qu'il y en avait un peu partout dans les rues de notre ville, on était ravis de savoir que ce n'était pas du vrai poison, tel qu'on se l'imaginait.

Donc tout ça pour dire : il est nécessaire de rester prudent quand votre bambin commence à mettre des choses dans la bouche dès lors qu'il marche dans la nature, même si en réalité, il a plus de chances de se couper avec un bout de verre que de s'empoisonner. Dans tous les cas, il profitera inévitablement de ce moment pour se faire une partie de ses défenses immunitaires (si, si...). Idéalement, il faut réussir à se détendre, car tester les objets avec sa langue, votre enfant va le faire pas mal de fois durant les prochains mois... Alors, essayez de continuer à être vigilant (surtout pour les mégots de cigarettes et tout ce qui ressemble à des déjections), mais n'en devenez pas parano pour autant (ne faites pas comme nous ! C'est usant à la longue).

Par contre, une fois à la maison, on ne plaisante pas avec les piles (ou les aimants) hyper toxiques ainsi que les autres bricoles potentiellement coupantes (comme les vis ou les punaises), les médicaments ou les produits ménagers qui doivent être à un endroit inaccessible pour lui, car là, il y a de véritables risques d'empoisonnement. Idem, on fait attention aux jouets qui ne sont pas de son âge, et qui comportent de petits morceaux de plastique, qu'il pourrait ingérer par accident. Pour la pièce de monnaie, sachez que la dangerosité est surtout qu'elle se coince quelque part dans l'œsophage, mais très souvent elle ressortira dans les selles, la plupart du temps deux ou trois jours plus tard, mais ça pourra aller jusqu'à trois semaines. Dans ce cas-là, l'autre gêne proviendra du fait que si c'était celle que vous utilisiez pour votre caddie, vous serez en galère la prochaine fois que vous en prendrez, il faudra donc procéder différemment, mais j'espère bien que vous réussirez à vous débrouiller.

Chapitre 2 : Beaucoup de fièvre pour si peu

14 mois.

— Ça va, tu as passé un bon week-end ? Ouh là, t'as des cernes !

Quel papa (ou maman) n'a jamais entendu ça (avec cette violente envie de répondre un bon gros « ta gueule ») ?

Évidemment, peut-être que celui qui a eu le bébé idéal, celui qui a fait ses nuits dès sa 3e semaine, jamais malade, le pot à 2 ans, tellement parfait qu'il poussera ses parents à lui faire des petits frères ou des petites sœurs... Oui, peut-être qu'à lui on ne lui a jamais dit. Mais moi, je peux vous dire qu'on me l'a dit un certain nombre de fois.

Avoir un enfant c'est bien sûr une multitude de moments adorables, par exemple lorsqu'il vient vous voir, tandis que vous êtes sur le trône (ah, le bonheur de le voir marcher, rimant avec la fin de toute forme d'intimité une fois qu'il a compris que vous étiez caché derrière une porte, que vous devez absolument ouvrir sans quoi il va se mettre à hurler, alors que vous n'en avez aucune envie...). Dans un premier temps, il se contentera de vous observer, avant de repartir. Et puis quelques semaines plus tard, il vous tendra un, puis deux, puis trois, puis tous les rouleaux de PQ qui seront à sa portée. Enfin, après quelques mois, sa curiosité le poussera carrément à découvrir de ses propres yeux quelle est cette chose étrange qui a fait « plouf » dans la cuvette. C'est le genre d'anecdote drôle qui fera rire vos collègues (surtout les primipares) à la machine à café. Et puis il y a d'autres moments un peu moins agréables : quand, par exemple, votre bébé est malade.

J'avais mentionné dans le précédent livre [2] qu'en moyenne un enfant tombait malade environ 120 fois avant d'atteindre l'âge de 6 ans. Il l'avait été une dizaine de fois l'année passée ce qui fait qu'il allait en théorie encore devoir

---

[2] *Avant j'avais des principes maintenant je suis papa : de l'accouchement aux premiers pas*

affronter un certain nombre de virus et de bactéries (110, à en croire ces statistiques). L'autre spécialité de notre petit Léon (j'espère que ça ne sera pas spécifique à votre bambin), c'était qu'il choisissait toujours de tester ses défenses immunitaires « juste » avant des week-ends de trois jours, durant lesquels, souvent, on prévoyait de bouger... Ça aurait été trop simple sinon.

Ce coup-ci, les premiers symptômes avaient commencé sous forme d'un manque d'appétit chez sa nounou le vendredi midi, suivi d'une température un peu élevée le soir (38,9 °C). Bien sûr, on se souvenait de ce qu'on nous avait dit et répété des mois durant sa première année : « Tant que ça ne dépasse pas trois jours, il n'y a pas lieu de s'inquiéter. » On nous avait aussi conseillé : « Fiez-vous à votre instinct »... Le Doliprane qu'on lui donnait toutes les six heures semblait plutôt bien fonctionner, mais la température remontait régulièrement dès lors que l'effet s'estompait. Bizarre.

Le samedi matin, la question restait posée : « On fait quoi ? On s'enquille les deux heures trente de route pour aller voir sa mamie ou pas ? Ouais ? Allez, soyons fous. En plus, un week-end de Pâques, ça roulera forcément bien pour sortir de Paris. (Non) » Comme si ça ne suffisait pas, on avait eu en prime un petit vomito pendant la première demi-heure, ce qui avait parfumé l'intérieur de la voiture les deux heures d'après (durant lesquelles, par chance, il s'était endormi).

Sauf qu'une fois sur place, sa température était encore anormalement élevée. Et mis à part le nez qui coulait (clair), il n'y avait pas vraiment d'autres symptômes. Hanté par l'appréhension que ça soit quelque chose de plus grave qu'un simple rhume (je vous rappelle qu'on est plutôt du genre

« parents angoissés pour un rien »), on avait décidé de suivre notre instinct en faisant une visite de courtoisie aux SOS Médecins du coin (histoire d'être sûrs) :

— Alors, il a la gorge un peu rouge, mais je ne vois rien de préoccupant pour l'instant. Vous pourrez alterner le Doliprane avec de l'Advil toutes les trois heures, pour aider à faire baisser la fièvre. Je vous prescris également du spray nasal, ainsi que des suppositoires pour éviter la congestion au niveau du nez.

— Merci, docteur. Ah, au fait, on voulait avoir un nouvel avis. Il a un an passé de deux mois, et... il ne fait toujours pas ses nuits.

— C'est-à-dire ?

— En gros, il se réveille quasiment à chaque fois pour réclamer un biberon, qu'il ne boit pas tout le temps... On pensait que ça pouvait être la faim, mais on a beau mettre des céréales avec son lait au moment du coucher, il n'y a rien à faire. Et puis on se dit que s'il le prend, c'est qu'il n'a pas assez mangé...

— En fait, il n'y a pas vraiment de règle, chaque enfant évolue à sa manière. Ça dépend essentiellement du métabolisme. Il faut que dans son cerveau, la partie capable de bien différencier le jour de la nuit se développe. Chez certains, ce genre de choses se stabilise assez tôt, mais chez d'autres c'est plus long, ça peut parfois aller jusqu'à 3 ans, mais je ne vous le souhaite pas !

— Ah ah ! (rire forcé) On croise les doigts ! Donc, on peut aussi écarter la possibilité que ce soit lié à un diabète non identifié ? *(oui, j'ai été voir sur Internet...*

Je sais que c'est mal, mais qui ne l'a pas fait ?) Je...
C'est pour un ami...

— Vous êtes un peu angoissé on dirait, non ?

— Qu'est-ce qui vous fait dire ça ?

— Une intuition. Vous avez des cas dans votre famille ?

— Indirectement, deux cousins.

— À vrai dire, je ne pense pas. Quand ça arrive, ce sont des bébés qui sont très maigres, toujours assoiffés et qui mouillent très régulièrement leurs couches. Si vous le souhaitez, je peux lui prescrire un test pour vous rassurer ?

— Quel genre de test ?

— Une prise de sang, en général, après six heures à jeun. Dans les cas les plus graves, on le détecte lorsque l'enfant tombe dans le coma... Ne vous inquiétez pas, à part la gorge, il a l'air en parfaite santé cet enfant.

Léon s'était mis à lui sourire, comme pour lui confirmer son avis. Une fois rassurés (enfin... vite fait), on était allés chercher les médicaments listés sur l'ordonnance. Jusqu'à présent, il n'avait jamais été soigné avec autre chose que du Doliprane, et l'on avait donc un peu hésité au moment de prendre de l'Advil.

Il faut savoir que le Doliprane se compose de paracétamol, c'est-à-dire que c'est un antidouleur. L'Advil, lui, contient de l'ibuprofène, il est anti-inflammatoire. En d'autres termes, s'il peut soulager, il peut aussi masquer une surinfection... Ah, et l'autre point, c'est que Léon et les sirops, ça fait douze. Sur les diverses tentatives qu'on avait faites pour lui en donner, une seule s'était terminée avec succès (comprenez qu'il ne nous l'avait pas recraché au visage). Et d'ailleurs, ça avait été un vrai problème qu'on ne puisse le soigner qu'avec des suppositoires, car à force de trop lui en mettre, il avait fini par ne plus les supporter, hurlant de douleur à chaque fois qu'on tentait d'en insérer un...

Bon, ne voyons pas tout en noir : lorsque les médicaments faisaient effet, on retrouvait notre bébé rayonnant, découvrant de nouveaux lieux en faisant de petits pas et des gloussements de joie, toujours son biberon d'eau à la main. C'est vers cette période-là qu'il avait commencé à faire « non » de la tête. Si ce n'était pas forcément pour exprimer la négation, il était parfois fier de le faire, spontanément, en mode « Hey, t'as vu, tu ne sais pas le faire, ça ? » Après, je me demande si au fond de lui il n'était pas déjà conscient de ce que ça signifiait, à en croire cette vidéo où je l'avais filmé en lui annonçant : « On va aller faire dodo, Léon ? », ce après quoi il m'avait répondu par cette mimique, juste avant de se marrer, et de courir à l'autre bout de l'appartement. Il n'avait jamais été motivé pour dormir, et les mois suivants allaient nous le confirmer.

Le lundi, durant les deux heures et demie de voiture vers la région parisienne, shooté au Doliprane, il avait roupillé pendant quasi tout le voyage (sans vomir ce coup-ci), rattrapant ainsi la (énième) nuit de merde qu'il nous avait fait passer. Après un long week-end pendant lequel il avait très régulièrement oscillé aux alentours de 39/39.5 °C, en début de soirée (seulement) on avait enfin commencé à constater une légère diminution de sa température, même si l'on était encore loin d'un retour à la normale.

Un proche, également parent, m'avait confié ce soir-là : « Tu sais, moi à ta place, j'irais aux urgences... C'est quand même le 4e jour de fièvre, après tu fais ce que tu veux… » Je m'étais contenté de lui répondre : « OK. » Bien évidemment, on flippait toujours un peu, mais on se doutait surtout que ça serait probablement le bazar comme souvent, qu'il faudrait patienter des heures et des heures pour sûrement pas grand-chose. Et puis, l'appétit et l'acceptation de remanger du solide (donc pas que du lait) avaient commencé à revenir en soirée, ce qu'on avait pris comme signe annonciateur de l'amélioration de son état général.

Le mardi matin, bébé n'était pas encore au top de sa forme, mais ça allait mieux, sa fièvre semblant définitivement partie. Après avoir longtemps hésité, on avait finalement décidé de l'emmener chez son assistante maternelle. Dans l'ascenseur de son immeuble, j'avais croisé la mère de l'un des deux petits camarades de Léon, qui venait de déposer son enfant :

— *Hello*, comment s'est passé ton week-end ?

— M'en parle pas... m'avait-elle répondu. On a passé trois jours atroces, notre fille (de trois mois plus jeune que Léon) ne parvenait pas à redescendre sous les 40 °C.

— Mais non ?

— L'horreur.

— Et qu'avez-vous fait ?

— Urgences hier... Trois heures d'attente ! C'était l'enfer.

— Et finalement, le verdict ? Si tu es là, j'en conclus que ce n'était pas trop grave ?

— Juste un gros rhume...

— Génial… il faut croire qu'ils se le sont refilé entre eux, à peu de choses près on a eu le même week-end.

Moralité, on avait bien fait (ce coup-ci) de ne pas aller aux urgences.

C'est toujours impressionnant une fièvre assez haute, qui peine à redescendre, et c'est normal de s'inquiéter. Après, certains bébés la supportent plus ou moins bien. En général, il faut vraiment envisager de consulter lorsqu'au quatrième jour la température n'a pas encore commencé à baisser (ou bien s'il y a des convulsions, c'est évidemment le 18 directement), tout en gardant en tête que très souvent, c'est bénin, il s'agit « juste » de votre enfant qui apprend (un peu en galérant) à ses défenses immunitaires à faire face à l'ennemi.

Par contre, on est d'accord sur le fait qu'on envoie des fusées sur Mars (et ce même si parfois elles s'y crashent), qu'on peut à peu près partout en France surfer en haut débit sur nos smartphones, qu'on a l'équivalent d'une bibliothèque complète sur nos liseuses, mais qu'il n'y a toujours pas de vaccins pour éradiquer DÉFINITIVEMENT le virus du rhume, et que ça, c'est tout bonnement insupportable.

Vivement.

Chapitre 3 : La plaie des réveils nocturnes

15 mois.

Il y a des bébés pour qui s'endormir est simple. Et il y avait le nôtre.

Et pourtant, on avait tenté de mettre en application à peu près tout ce qu'on avait pu lire dans les livres : il n'y avait plus d'écran au moins une heure avant le coucher, un environnement silencieux, des histoires... On avait même instauré un rituel, qui avait pas mal évolué en fonction de son âge durant lequel :

- on allait voir si un train passait au loin ;
- on souhaitait une bonne nuit à la cuisine, à la machine à café, à la bibliothèque, puis aux poissons de l'aquarium ;
- il couchait ses quatre petits chats (sous forme de quille), qu'il recouvrait d'une serviette après quoi il leur disait : « chut, dodo » ;
- il remontait dans mes bras puis on allait se voir dans le miroir de l'entrée, puis celui de la salle de bain ;
- on jetait un jouet dans la baignoire...

Et puis c'était le moment où on le mettait dans sa gigoteuse. C'était à partir de là que la lutte commençait. En fonction de notre motivation et de notre patience du moment, soit on lui racontait des histoires, on lui chantonnait des chansons, on lui montrait la lune avec la tortue veilleuse qui projetait des étoiles sur le plafond, et d'autres fois on se remémorait avec lui les événements de la journée. Lui, il gigotait dans tous les sens sur son lit, tantôt sur le dos à mettre les jambes sur le mur, tantôt à se lever, tantôt à mordiller ses barreaux, tantôt à faire « prrrr » avec sa bouche, bref, aucun signe de la moindre fatigue.

Et pourtant, à force de faire semblant d'être dans les bras de Morphée (et que son cinéma n'intéressait personne), il finissait par s'abandonner et lâcher prise. Par la suite, il fallait quitter la pièce, sans qu'il se réveille... Et ce rituel avait lieu tous les soirs, et il durait 30 minutes, des fois 45, parfois une heure...

Mais la bonne nouvelle, c'était qu'il nous avait donné l'impression d'avoir trouvé un cycle de sommeil convenable, sans aucun réveil nocturne.

On y avait cru. On avait vraiment commencé à se dire : « Ça y est, il fait ENFIN ses nuits... Une petite bière pour fêter ça ? ».

Pendant 10 jours, il les avait faites d'une traite.

Mais non. « Fausse alerte ».

Le 11e jour, il avait rapidement remis ça, à notre grand désespoir. Combien de temps est-ce que ça allait encore durer, ces nuits hachées et ces endormissements sans fin ? Quelle pouvait en être la cause ? Est-ce qu'il y avait un rapport avec ces quintes de toux qu'il avait depuis plusieurs mois (la pollution peut-être ?), ou ce foutu rhume dont il n'arrivait pas à se débarrasser ? Son métabolisme peut-être ? Mais si c'était le cas, alors comment expliquer qu'il avait réussi à passer presque deux semaines sans réveil sans qu'on fasse aucun changement notable ? Des cauchemars ? Ou peut-être la découverte de la peur de la séparation ?

En effet, dès lors qu'on le mettait entre nous dans le lit, comme par magie, il se rendormait sans aucun souci, parfois même sans prendre de biberon. On n'était pas fiers de ça, parce qu'on se doutait que ce n'était pas « raisonnable » (enfin, l'appréhension était surtout qu'il s'y habitue, et ce jusqu'à ses 18 ans), mais bon... Lorsqu'on est trop crevé, que ça fait plus d'un an et demi qu'on n'a qu'une vingtaine de nuits complètes à son actif, à un moment on finit par accepter certaines choses, et à s'asseoir sur certains principes...

Je me souviens qu'à cette époque, un ami papa de deux enfants m'avait expliqué son secret qui semblait marcher sur les siens : « Il ne faut pas céder et le laisser pleurer. À force, il comprendra que malgré ses larmes, personne ne viendra le chercher, et il apprendra à se rendormir tout seul. » C'était pourtant là, évident, nous crevant les yeux et visiblement si facile dans sa bouche…

J'avais tellement eu envie de lui répondre : « Ah ouais, je suis con, ne pas céder, le laisser pleurer, et il se retournera dans sa gigoteuse, et *hop*, fini les problèmes. OK. J'aurais dû y penser avant… » (l'avantage des discussions par smartphone interposé, c'est qu'on peut « oublier de donner suite à une conversation »)

Ça s'était sûrement avéré efficace pour lui, mais de notre côté... Bien évidemment qu'on avait tenté le coup, une ou deux fois. Mais lorsqu'à chaque fois qu'on le laissait chouiner il fallait le changer ainsi que ses draps et sa gigoteuse (et nettoyer par terre), car il s'était mis dans un tel état qu'il avait fini par se vomir dessus (et qu'en plus de ça on avait mis trois plombes à le rendormir), on avait estimé que tous les conseils de spécialistes et autres pseudo-spécialistes (incluant tous nos potes pour qui cette technique avait porté ses fruits et que si ça avait marché chez eux FORCÉMENT c'était la solution miracle), on allait rapidement les oublier, et faire à notre manière (c'est-à-dire en galérant).

À terme, en attendant que son lit-cabane qui remplacerait son lit à barreaux nous soit livré, on avait déplacé son matelas au pied de notre sommier. Peut-être que s'il se sentait en sécurité auprès de nous, il se réveillerait moins… Enfin, dans tous les cas une chose était certaine, ça serait moins chiant pour nous de le récupérer pour terminer la nuit en cododo. En espérant là encore que ça ne dure pas jusqu'à sa majorité. Ça avait marché, sur une petite période. Quelques jours ou peut-être une ou deux semaines. Quand j'y repense, combien de fois l'avait-on trouvé tombé de son matelas, en train de roupiller par terre, tant il bougeait durant la nuit ? Un certain nombre.

Et puis, il avait recommencé à se réveiller trop souvent, et régulièrement il réclamait jusqu'à deux biberons. Le sommeil continuait d'être un gros problème chez lui. On était à bout, mais on n'avait pas le choix, on devait tenir. Pour ma part, j'ai souvenir que j'appréhendais lorsque 20 heures arrivait, car je savais qu'il allait falloir le coucher (c'était moi qui m'en chargeais la plupart du temps à l'époque), que ça prendrait des plombes, et qu'aux alentours de 2 ou 3 heures, il quémanderait à boire.

Si encore malgré tout ça il avait fait des grasses matinées, bien évidemment qu'on l'aurait excusé. Mais non, même pas. Tous les matins, je dis bien absolument tous les matins, il ouvrait les yeux vers 5 h 45, 6 heures, 6 h 30... 7 heures les jours de fête. Et puis réveil genre « au taquet », hein !

C'était sa maman qui s'en occupait à cette heure si avancée, étant de mon côté tout bonnement incapable de me lever si tôt (oui, les problèmes pour trouver le sommeil, c'était en partie lié à mon patrimoine génétique... Et qui est-ce qui galérait pour se rendormir à 3 heures du mat ? On s'est compris).

Mais lorsque votre bébé vous apporte vos chaussons le matin (pour rappel, son kif du moment c'était de transporter des objets), et se penche vers vous pour vous embrasser, ça vous fait immédiatement rapidement oublier votre nuit de merde et ça vous colle un sourire dès le réveil.

Il y avait aussi l'équivalent le soir, quand il venait nous tendre nos chaussures de ville, alors qu'il était l'heure pour lui d'aller se coucher.

— On va aller au dodo, Léon ?

Non de la tête.

Forcément, ça nous faisait sourire, et lui aussi.

— On va aller au dodo Léon ?

Non de la tête et il court maladroitement jusqu'à notre chambre, où il va tenter de se cacher.

Ah ah. C'était fun sur le moment, mais ça donnait une idée de la vision qu'il avait du simple fait de dormir. Forcément, chiper les télécommandes (nous faisant par la même occasion découvrir des menus dont on ne soupçonnait pas l'existence), tester la résistance de nos smartphones par terre, et mettre des objets dans la poubelle, c'était bien évidemment plus intéressant que d'aller faire dodo... Quitte à choisir. Mais le plus dur dans l'affaire, c'était qu'on ne voyait pas de date de fin à cette situation. On n'avait aucune idée de quand ça irait mieux... Et il n'y a rien de pire que ça, traverser un tunnel, sans apercevoir la lumière au bout. Est-ce que ça allait durer encore une semaine, un mois, un an ?

Lui, en tout cas, dormir peu ça ne semblait pas le déranger au niveau du développement de son intelligence. Il avait ainsi découvert la notion d'action-réaction : le matin, c'était lui qui appuyait sur le bouton de la machine à café, ou sur celui du micro-ondes permettant de réchauffer son biberon, le tout à chaque fois ponctué d'un « han », exprimant son bonheur de voir qu'il pouvait désormais avoir de l'influence sur son environnement. Mettez-vous quelques instants à sa place (à défaut de vous souvenir de comment vous étiez à son âge), vous avez en tête le nombre de choses qu'ils peuvent découvrir tous les jours ? C'est tout bonnement génial. Ça en épuiserait certains, mais pas lui !

Plus d'une fois dans ce témoignage, j'avais mentionné le fait qu'on avait envisagé d'aller visiter les urgences parisiennes, mais ce coup-ci on y était vraiment allés. Oh, pour presque rien, juste parce que Léon n'arrivait « visiblement » plus à marcher.

Je ne sais plus pour quelle raison sa mère le gardait, tout ce dont je me souviens c'était que les premières heures de la journée avaient été compliquées, la forte chaleur n'aidant pas : c'était la première grosse canicule de l'été. La sieste du matin n'avait pas eu lieu, probablement à cause de ça. Léon n'avait d'ailleurs quasiment pas marché. Et puis, ma femme avait fini par remarquer que malgré ses tentatives, il ne parvenait plus à se lever, préférant le quatre pattes au fait d'utiliser ses jambes pour se déplacer. Non vraiment, quelque chose n'allait pas : rien à faire, il pleurait dès lors qu'il se levait ou qu'on essayait de le mettre debout.

J'avais quitté le boulot en urgence pour venir constater ça de mes propres yeux : et, effectivement, quelque chose clochait. Souffrait-il ? Il en avait tout l'air. Sur Internet (oui, ce n'est pas parce que je dis qu'il ne faut pas le faire qu'on ne le faisait pas), j'avais une idée de ce que ça pouvait probablement être : ça pouvait être un « éventuel » rhume des hanches.

Les symptômes ? Au réveil, bébé boitille ou refuse de marcher, il n'arrive plus à plier sa jambe à cause de la douleur. Cette affection bénigne et passagère est responsable de la moitié des cas de boiterie chez les enfants. Dans ce cas, il est nécessaire de rapidement consulter un médecin pour faire une radiographie, puis une échographie afin de confirmer la présence d'un épanchement de liquide dans l'articulation. Le traitement ? Garder bébé allongé et l'empêcher de marcher pendant plusieurs jours. Ah ah ah (bon courage).

Après avoir harnaché Léon dans son siège auto (toujours au bout de sa vie, car étant en manque de sommeil donc en mode insupportable), nous avions roulé en direction des urgences. Mais après environ cinq minutes dans la voiture fraîche (vive la climatisation), il s'était endormi... Ce qui semblait peu probable s'il souffrait vraiment de ce symptôme. On avait hésité, et finalement j'avais fini par faire demi-tour. Ma femme l'avait délicatement détaché, avant de le remonter dans son petit lit où il avait fait une grosse sieste. J'étais retourné à mon travail... À son réveil, il gambadait. Il y avait donc eu plus de peur que de mal, une fois de plus.

Comme si ça ne suffisait pas, en tant que « grand stressé option angoissé de la vie », j'allais devoir faire face à une nouvelle situation, inédite : devoir le gérer du matin jusqu'au soir, sans que sa maman soit là, bien évidemment, un jour où son assistante maternelle avait planifié d'être absente.

— Allez courage, ça va le faire, m'avait rassuré ma femme.
— Oui, oui, ne t'inquiète pas.
— Tu es angoissé ?
— Moi ? Tu m'as déjà vu angoissé ?
— Oui, à peu près tout le temps...
— Après... C'est la première fois que je vais le garder, lui faire faire la sieste, tout ça...

— Tu n'as qu'à demander à ta maman de venir t'aider, en plus elle sera ravie de profiter un peu de son petit-fils...

Quelle idée lumineuse elle avait eue ! Autant vous dire qu'elle n'avait pas hésité longtemps avant d'accepter. Et comme souvent dans ces nouvelles situations où je panique de ne pas y arriver, ça s'était merveilleusement bien passé. Sa mamie nous avait rejoints la veille, et avait pu partager avec lui ses jeux du moment, dont l'un d'entre eux consistait à faire tomber des quilles en plastique en forme de chat avec une balle, ou parfois avec la main (parce que c'est quand même bien plus simple...)

Il jouait également très souvent avec sa table d'éveil, avec des petits objets nécessitant d'être enfilés sur des tiges en bois, ou avec des voitures musicales (dont on avait rapidement fini par connaître par cœur les mélodies). On tentait de le filmer le plus souvent possible, mais il fallait faire en sorte qu'il ne nous voie pas, sans quoi il se jetait sur nous et voulait absolument attraper le smartphone.

C'était donc le cœur serré, pétri d'angoisse, que je m'en étais occupé toute la journée, sous le regard bienveillant de ma mère. Balade au parc, puis déjeuner (que sa mamie avait pris plaisir à lui donner sur sa toute nouvelle chaise haute), suite à quoi je lui avais mis une couche propre après avoir remplacé son body (sali à cause de selles un peu trop liquides), le tout avant de réussir l'exploit de l'endormir pour sa sieste, qui nous offrirait un peu de répit.

Une fois Léon plongé dans les bras de Morphée dans son lit à barreaux, j'avais quitté sa chambre sans faire un bruit pour ne pas qu'il se réveille, et je me souviens de m'être affalé dans le canapé, exténué. Ma mère m'avait dit :

— Je t'ai vu le changer, le nettoyer, le bercer... Et je voudrais te féliciter, tu t'occupes vraiment avec amour de ton fils. Bravo, je suis très fière de toi.

— Merci.

Bien évidemment, cela m'avait touché, surtout venant de ma maman. Je pense qu'inévitablement, lorsque l'on devient papa, ça nous renvoie au nôtre, et ma relation avec feu mon paternel n'avait pas toujours été bonne. Se voulant patriarche à la dure (comme souvent pour ces générations d'avant-guerre), il ne s'était jamais trop impliqué dans la gestion de sa progéniture que ce soit pour moi, mon frère ou ma sœur. Il n'avait jamais changé la couche ou juste donné le bain à aucun de ses trois enfants, et durant mes premières années il avait été assez distant. Quand Léon était né, je m'étais inconsciemment fixé pour objectif d'inverser la tendance et de devenir un bon père : celui que je n'avais pas eu. Ce jour-là, malgré toutes mes angoisses et mes doutes, j'avais eu l'impression de l'être, et ça m'avait fait du bien.

Je ne vais pas le cacher, j'avais quand même été content que la maman de Léon revienne pour s'occuper de lui le soir venu, histoire de relâcher un peu la pression. Je crois même que je m'étais pris une petite bière pour me détendre !

Avec le recul, ce livre aurait sans doute pu s'appeler : *Avant je ne buvais pas d'alcool en semaine, maintenant je suis papa.*

Chapitre 4 : La visite épique de Lascaux

16 mois.

À l'approche de l'été, bébé continuait de grandir un peu plus chaque jour. Il ne parlait pas encore, mais j'avais fini par accepter l'idée qu'il comprenait « absolument tout » ce qu'on pouvait lui dire. C'est chez sa nounou que je m'en étais rendu compte, lorsqu'elle lui proposait de faire certaines choses (pour qu'il retire son pull, ses chaussures, etc.) et qu'il s'exécutait.

En fait, je m'en doutais, mais je ne pensais pas que c'était à ce point-là. Ainsi, nous avions pu observer que lorsqu'on lui disait :

- « cheveux » il se touchait la tête ;
- « yeux » il les clignait ;
- « langue » il la tirait ;
- « bravo » il applaudissait ;
- « zizi » il touchait sa couche ;
- et un truc très pratique (surtout lorsqu'il s'agissait de le moucher) : au mot « nez », il soufflait par cet orifice. « Le rêve » pour beaucoup d'assistantes maternelles (et également bien épatant pour ses rhumes qui semblaient s'éterniser...)

Certaines fois, plus par accident (ou sur un ton interrogatif), il laissait échapper des « maman » ou des « papa », ce qui nous ravissait. Mais ce n'était pas encore pour nous appeler, c'était plus pour demander à l'un ou à l'autre où était la personne qu'il nommait. On avait également observé qu'il semblait enfin comprendre la notion de son reflet dans le miroir (ou sur un smartphone en mode selfie) et qu'il passait de manière assez régulière de longues minutes de rigolade en se regardant dans la glace.

De la même façon, pendant la période où il prenait des bains (ce bon temps où il appréciait ça...), son premier réflexe une fois tout nu était de se toucher le zizi, chose qu'il lui était bien évidemment impossible avec sa couche. On avait trouvé ça assez étrange, quoique finalement sans doute normal ; il profitait de tous les moments qu'on lui donnait pour se familiariser avec les sensations de ce petit bout de lui auquel il n'avait pas accès le reste du temps. On précisera toutefois que cette exploration corporelle était parfois un peu compliquée à gérer lorsqu'il le faisait pendant qu'on le changeait après un « gros caca » (je n'en dis pas plus : mais comprenez bien étalé partout).

L'été arrivait à grands pas, et un nouveau challenge se préparait pour nous : faire accepter à Léon de porter ses lunettes de soleil ainsi que sa casquette. C'était un véritable casse-tête pour nous, car dès lors qu'on les lui mettait, il s'empressait de les retirer. On était d'autant plus agacés de savoir que lorsqu'il était avec sa nounou, bien sûr, il gardait le tout bien sagement... Idem pour les siestes qu'il faisait sans aucun problème chez elle : elle le posait dans son lit, et *hop* c'était fini, il dormait. Alors que le week-end à la maison, c'était toujours un enfer de le mettre au dodo après déjeuner : sur ce point précis (pour en avoir discuté avec d'autres parents faisant face à la même situation que nous), on se disait que l'enfant étant avec ses parents, il refusait de se laisser aller afin de profiter de leur présence un maximum : quel beau cadeau ils nous faisaient !

Vers le milieu du mois de juin, durant un dimanche ensoleillé, nous avions organisé avec mes coéquipiers de mon club un pique-nique autour d'un filet de volley. Je m'attendais à ce qu'il découvre « les joies du beach », mais je ne pensais pas qu'il me prendrait au pied de la lettre, en dévorant le sable (et bien sûr, il avait vomi juste après, tout en le goûtant de nouveau [histoire d'être sûr], et en fait si, c'était bel et bien infect...). On soupirait en se disant qu'il faisait ses expériences (et ses défenses immunitaires). Durant cette journée, un autre papa était venu avec sa petite fille, âgée de quelques mois de moins que Léon. Elle, elle avait réussi à faire la sieste, allongée sur une nappe, à l'air libre. On était médusés : inutile de vous préciser qu'il aurait été impensable que le nôtre fasse pareil avec tant de choses à observer et à explorer autour de lui. Ne se laissant pas du tout aller et devenant de plus en plus grincheux à cause de la fatigue, la maman avait coupé court au pique-nique vers 15 heures, direction la maison afin de lui faire faire sa sieste dans son lit. Comme quoi, tous les parents ne sont pas logés à la même enseigne, qu'on se le dise.

Commençant à planifier les grandes vacances (durant lesquelles il était probable qu'on bouge pas mal), on allait devoir envisager un nouvel achat. Sa poussette étant devenue trop petite pour lui (et surtout trop encombrante pour nous), nous avions sauté le pas et investi dans une poussette canne.

Également appelée « poussette 2ᵉ âge », elle tire son nom de son pliage en trois dimensions, car elle prend l'allure d'une canne une fois rangée. Recommandée à partir de 18 à 24 mois jusqu'à ses 3/4 ans, ça permet à bébé d'être assis face à la route, et donc d'avoir une visibilité panoramique (il faut donc qu'il se tienne droit pour que ça lui soit utile...). Dix fois plus légère qu'une poussette premier âge, elle sera bien plus pratique et transportable, et d'un grand secours dès lors que votre enfant sera fatigué ou aura suffisamment marché. Très souvent, il sera possible d'y ranger le nécessaire dont on peut difficilement se passer quand on se balade : des biscuits, de l'eau, des langes, casquette/soleil, des jouets, et des éléments ramassés durant vos expéditions : des feuilles mortes, marrons, branches d'arbres...

Le marché d'occasion des poussettes cannes est florissant... Pour notre part, nous avions choisi une McLaren Triumph. Bien plus légère et compacte que notre bonne vieille Britax 3 âges, on sentait aussi que les roues amortissaient bien moins les chocs. On avait également emprunté pour la période un siège sac à dos, pour les excursions trop accidentées pour pouvoir rouler. Une première expérience avait été faite par chez nous, et il semblait ravi de ce nouveau moyen de locomotion.

Entre deux canicules, le petit loup avait sagement assisté à notre mariage (le plus beau jour de ma vie : je le précise, car je sais que ma femme relit ce livre : bisous chaton <3). On avait eu une grosse frayeur lorsque la nuit précédant la cérémonie, il s'était réveillé en pleurs à 39 °C de fièvre... Non... Pas aujourd'hui, s'il te plaît... On fait quoi ? Urgences ? Ou pas ? On n'a jamais su ce qu'il a eu, mais par chance il avait fini par se rendormir, blotti contre sa maman dans le canapé.

Quelques heures plus tard à la mairie, nos familles n'avaient d'yeux que pour lui au moment de l'échange de nos alliances. Tandis que nous nous disions oui, à tour de rôle, lui faisait son show. Debout, tout sourire, il se rendait bien compte qu'il attirait l'attention et faisait le clown, son biberon d'eau en main qu'il tétait par intermittence, le tout en souriant de son air coquin. Son petit ensemble de cérémonie à bretelles bleu pastel le rendait encore plus craquant : les photos de ce jour étaient magnifiques. Ce fut un très beau moment, et le contrecoup de sa courte nuit avait fait qu'il s'était endormi quasi tout seul juste à l'heure de passer à table (on appréhendait à ce sujet), ce qui nous avait permis de ne pas trop avoir à nous en soucier.

Quelques jours plus tard, après avoir dansé la capucine en rond avec ses copains de nounou qu'il allait devoir quitter pendant un petit mois, nous avions pris la route (avec un coffre « ras la gueule », quasi autant que l'année précédente) pour la Dordogne. Comme à chaque fois durant les grands voyages, on avait tout planifié afin qu'il fasse sa grosse sieste de l'après-midi pendant qu'on roulait, histoire qu'il dorme un maximum : c'était autant de temps de gagné où il ne se plaignait pas de la voiture.

On avait pas mal d'appréhension (je me doute que maintenant que vous me lisez, vous n'êtes qu'à moitié surpris...), et ce même s'il ne vomissait pas de manière régulière dès lors qu'on prenait la route, c'était encore assez aléatoire. Ce qui était plus dur à gérer c'était surtout le moment où il nous faisait savoir qu'il en avait assez d'être assis et attaché, et qu'il voulait en sortir pour se réfugier dans les bras de sa mère, installée à côté de lui : il faudrait qu'il s'y habitue. Le trajet avait été long, mais ça en avait valu le coup : nous avions loué une maison avec un gigantesque jardin fermé (en tant que Parisiens vivant dans un appartement avec un balcon, c'était un peu le rêve) dans lequel on espérait qu'il s'éclate, et ça avait été le cas, il était ravi !

Le coin regorgeait de sites touristiques magnifiques. On avait essayé de prioriser ceux qui pourraient l'intéresser, mais on avait vite déchanté. Durant sa visite de l'aquarium du Périgord noir (le plus grand aquarium privé d'eau douce en

Europe), on pensait qu'il aurait adoré observer les énormes poissons ainsi que les crocodiles, alligators et serpents de toute taille, mais ce qu'il avait préféré, ça avait été de ramasser les petits cailloux qu'il trouvait par terre... Super.

L'autre gros rendez-vous de ces vacances, c'était bien évidemment les grottes de Lascaux (j'avais déjà vu celles de Gien, et il me tardait de m'aventurer dans celles-ci... Vous l'avez ? Tant pis, ce n'est pas bien grave). C'était en partie pour les découvrir tous ensemble (en même temps), que nous avions investi dans le siège sac à dos pour pouvoir y asseoir bébé. C'était sans compter le fait que dans la reproduction de ces grottes, la résonnance est importante et le moindre son devient rapidement dérangeant, et lorsqu'on a un enfant qui s'exprime parfois un peu trop bruyamment...

Par chance, le site proposait une formule (« Baby Switch », elle porte bien son nom) pour que chaque parent puisse faire la visite chacun son tour, pendant que l'autre garde les bambins. Au bout de quelques minutes durant lesquelles nous avions compris assez vite que ça serait compliqué (les regards des gens sont souvent plus efficaces que des sourires gênés), on avait fini par accepter l'idée d'utiliser cette formule. Je commencerais la découverte des grottes en premier, seul, et ma femme la ferait dans un second temps tandis que je m'occuperais de Léon. Sur le papier, le plan paraissait plutôt simple en théorie. Mais le mettre en pratique avait été une tout autre histoire...

Après avoir récupéré Léon dans une grande salle où il était possible d'observer des répliques des peintures et des objets de l'époque, sa maman était partie à son tour faire la visite. Léon, quant à lui, avait les yeux braqués sur mon smartphone, à regarder des photos et vidéos de lui (oui, on sait, pas d'écran avant 3 ans, mais parfois on fait ce qu'on peut...). Il nous arrivait d'utiliser cette « ruse », ce subterfuge de « mauvais parent » pour le faire cesser de chouiner ou juste pour souffler un peu quand on en avait marre. C'est à ce moment-là que les choses se sont compliquées.

Une fois le téléphone lâché et ayant réalisé que sa mère n'était plus là, et ce malgré le fait qu'il était dans les bras de son papa adoré, il avait soudainement commencé à hurler, pleurer et gémir comme si on lui arrachait un membre. Je le connaissais trop bien, je savais que dès lors qu'il se mettait dans des états pareils, ça pouvait vite tourner à la catastrophe... En plus, je me sentais terriblement mal parce que j'avais juste l'impression que la cinquantaine de personnes dans cette énorme salle d'exposition avait les yeux braqués sur moi à cause du bruit. Ça n'avait pas loupé. Je vous laisse imaginer mon ressenti lorsque, comme à son habitude quand il rentre dans cet état de stress intense, il m'avait vomi dessus tout son lait du matin, avant de s'endormir sur moi, probablement psychologiquement à bout (lui aussi). Ça y est, le pire était désormais derrière. Il ne me restait plus qu'à réussir à gérer cette odeur atroce, sans parler de l'énorme tache blanche que j'avais sur mes vêtements.

Certaines mamans compatissantes, et qui avaient compris la scène (sans doute en lisant la détresse dans mes yeux) m'avaient gentiment souhaité « bon courage » en passant devant moi. L'une d'elles avait même eu l'amabilité d'aller me chercher un peu de papier sopalin aux toilettes, pour essuyer les dégâts de Léon par terre, sur mon T-shirt et sur lui. J'étais resté là dans cette insupportable odeur, regrettant ma bouteille d'eau vide, à le bercer pour qu'il ne se réveille pas. Le plus dur avait été d'affronter certains regards, celui des personnes qui n'avaient sans doute jamais eu d'enfants et qui m'avaient trop facilement jugé, estimant que mon môme braillait bien trop fort, et que je n'avais (probablement) pas assez fait pour le calmer. Merci pour votre soutien ! Bisous.

Ça avait duré pas loin de 45 minutes, les plus longues de ma vie (OK, j'exagère, mais vous avez l'idée). J'en voulais tellement au ciel que mon fils ait cette relation si fusionnelle avec sa mère, et que je sois incapable de le garder seul (ou qu'il le refuse) ne serait-ce que quelques heures, sans qu'il se mette dans un état pareil. À quel moment avions-nous merdé ? Était-ce le manque de sa maman ou juste la séparation, peut-être trop brutale ? Personne ne le saura jamais...

Si Lascaux 4 est vraiment un site magnifique (que je vous conseille chaudement), ça restera sans doute LE souvenir que j'aurai en tête à chaque fois que je repenserai à Lascaux.

Par chance, ça avait été le seul épisode un peu compliqué auquel on avait dû faire face pendant la semaine. Chaque expédition nécessitait des trésors d'organisation, car il fallait gérer les déplacements en voiture en fonction de ses siestes encore aléatoires, pouvant avoir ainsi lieu le matin, ou l'après-midi. La partie déjeuner demandait aussi un peu de préparation lorsque nous étions en vadrouille toute la journée et que nous mangions en chemin. Par chance, chaque fois nous avions réussi à trouver un bon restaurant qui lui permettait dès que son repas était réchauffé (toujours avec le sourire par le serveur de l'établissement dans lequel nous étions) puis avalé d'aller vaquer aux alentours, et d'exercer son activité favorite du moment : jouer avec des petits cailloux.

Une fois rentré au bercail, il prenait grand plaisir à venir nous chercher par la main pour qu'on explore derrière lui l'immense jardin qui bordait la maison. Lorsqu'on pratiquait le ping-pong en sirotant notre apéro du soir, il nous observait, et allait ramasser la balle dès qu'elle partait dans le décor pour nous la redonner. Bref, malgré la galère de l'endormissement et des biberons nocturnes, on n'était pas loin d'une première semaine de vacances de rêve, forcément bien trop courtes.

Sept jours plus tard, nous avions roulé jusqu'à la mer en Vendée, où ses deux mamies l'attendaient. Il fut ravi de passer ses journées à jouer avec le sable (qu'il n'avait pas repris en bouche, se souvenant probablement de sa précédente expérience), à le mettre dans un seau avant de le vider. Il fit même son premier bain dans l'eau froide de l'Atlantique ! On était aux anges. Entretemps, son vocabulaire n'avait cessé d'augmenter, et il disait désormais :
- « maman », « papa » ;
- « bé » (voulant sûrement dire « tombé ») ;
- « dogoun » (alors ça, on ne saura jamais la signification de ce mot à la sonorité étrange...) ;
- « tortue » (sans doute comme sa veilleuse ou pouvant aussi dire « voiture ») ;
- « duo » (pour demander de l'eau) ;
- « plé » pour « s'il te plaît » (merci, l'assmat pour son gros travail préliminaire au niveau de la politesse) ;
- « tapété » (idem, mise à part une vague allusion à *Loft Story 1*, mais on suppose que ça devait être autre chose), et enfin l'incroyable :

- « tartare », qu'il nous avait sorti, un jour, après avoir vu la pub à la télé (oui, il ne le sortait pas naturellement, mais le répétait à chaque fois qu'il l'entendait... Improbable autant qu'inutile). Quelques mois plus tard, il nous déclamerait, convaincu : « Le tartare c'est du fromage, ce n'est pas de la viande ». Ah là là, le dur apprentissage des homonymes...

On espérait que l'air marin et tout ce temps passé dehors lui feraient faire de bonnes nuits, mais comme souvent, on s'était trompés : ça nous avait plus donné l'impression de le surexciter qu'autre chose... Génial. Ça plus la forte chaleur, on en avait certaines fois un peu plus bavé qu'à l'accoutumée pour l'endormir le soir. Il avait malgré tout bien profité de ce mois de congé sans ses copains. Pour nous, ça avait été plus sportif. C'est ça quand on devient parent. Il était visiblement revenu transformé en « petit garçon » chez son assistante maternelle au début de septembre.

Chapitre 5 : Bébé mord ~~la vie~~ sa maman à pleines dents

18 mois.

Les enfants sont étonnants. Comment expliquer qu'après avoir recommencé à dormir d'une traite « sans réveil », il avait remis ça LA VEILLE de sa rentrée chez la nounou ? Se doutait-il d'un changement imminent de ses habitudes prises depuis un mois ? Était-ce sa manière à lui de nous montrer que ça l'angoissait, assez pour qu'il ait de nouveau droit d'interrompre nos nuits et que le rituel biberon/cododo reprenne ? On dit que les bambins sont de véritables éponges émotionnelles... Le nôtre n'avait visiblement pas fait exception à la règle.

Un an et demi, déjà.

Et si les semaines précédentes bébé courait « maladroitement », il commençait désormais à vraiment galoper. Ça aurait été parfait s'il en profitait pour le faire dès lors qu'on allait au parc... Sauf que non. On avait continué de faire le trajet jusqu'au parc en poussette, mais une fois sur place, il en descendait et réclamait qu'on le porte... Niveau « dépenses physiques », on avait connu mieux (même si ça nous faisait les bras, ce n'était pas l'objectif principal de ce genre de sortie…)

Le gros point marquant de cette rentrée, au-delà de ces quelques mots qu'il commençait à prononcer de mieux en mieux, ce fut le fait qu'il était en quête de plus d'autonomie pour pas mal de choses, incluant le souhait de manger et donc de tenir sa cuillère tout seul. C'était beau ! Salissant, mais beau.

Lorsque ça vous arrivera, vous vous retrouverez avec votre enfant (pour peu que vous oubliiez de le surveiller durant quelques minutes) avec du fromage de chèvre dans les cheveux, du yaourt sur les joues, ou de la banane dans l'oreille, un bonheur lorsqu'il vient de prendre son bain (et je ne parle pas du sol, hein). On est tous passés par là (même si l'on ne s'en souvient pas...). C'est comme ça qu'il apprend.

« On peut dire que l'appétit, ça a l'air d'aller ? » me demanderez-vous. Ça dépend (et donc forcément ça dépasse *#référencecinématographique*) des jours, vous répondrai-je.

Alors que jusqu'à présent il aimait à peu près tout ce qu'on lui donnait, il a commencé progressivement à être un peu plus difficile, à préférer certains aliments plutôt que d'autres. Très souvent, le contenu de son assiette finissait noyé dans de l'eau (vu qu'il adorait transvaser tout ce qu'il trouvait, ça incluait son verre d'eau dans son plat...), avant de le touiller puis de s'en resservir. On le laissait faire ses expériences, en nous disant que ça avait sûrement un lien avec sa maman qui avait fait de la chimie par le passé.

Mais ce qui nous dérangeait le plus à cette période-là c'était le fait qu'il s'était subitement mis à mordre sa mère, du genre à pleines dents, comme si sa cuisse était une pomme. On sentait bien que lorsqu'il le faisait (essentiellement le soir) ce n'était pas par méchanceté, mais plutôt sous une forme de jeu.

D'après docteur Internet, à la question « Pourquoi un bébé mord-il sa maman ? », les raisons pouvaient être les suivantes :

- *Les dents : ses quatre prémolaires étant sorties, ça pouvait être ses canines qui pointaient, du coup ça le soulageait peut-être. Probabilité 5 % ;*
- *un débordement d'énergie mal (pour ne pas dire pas du tout) canalisé, comme un trop-plein d'affection de joie, ou tout simplement de l'amusement, et du coup il le faisait pour libérer les tensions. Probabilité 80 % ;*
- *attirer l'attention des adultes. Probabilité 5 % ;*
- *le fait de vivre quelque chose de stressant (comme un changement de routine, déménagement, naissance...) Probabilité 10 %.*

Et contrairement aux moments où il faisait des conneries (comme débrancher une prise électrique, redémarrer mon ordinateur ou éteindre la box) puis détalait dès qu'on le surprenait en flagrant délit, là il restait immobile. Il semblait surpris de voir que deux à trois fois par soir on le grondait. On lui avait pourtant à maintes reprises expliqué que ce qu'il faisait n'était pas permis. On tentait de mettre des pincettes parce qu'il n'avait pas la notion de bien et de mal, donc on essayait (avec plus ou moins de réussite et de patience) d'y aller avec pédagogie et bienveillance.

Suite à nos explications, parfois virulentes, ça lui arrivait de rigoler. Dans ces cas-là, on le plaçait dans un coin de la pièce, qu'il devait regarder pendant quelques minutes sans en bouger. D'autres fois, sa mère (à bout) allait s'isoler dans sa chambre après lui avoir précisé la raison de cette soudaine absence, et lui se mettait à pleurer (on s'étonne qu'on devienne alcoolique quand on a des enfants...). On tentait alors de le rassurer le plus vite possible (vu qu'il venait parfois de boire un biberon juste avant... Histoire de ne pas se faire un *remake* de Lascaux).

Et on en parle des remarques que des collègues de ma femme lui avaient faites ?

— Euh, ça va ?

— Oui, pourquoi ?

— Tu sais, tu peux nous dire si quelque chose ne va pas « dans ton couple ».

— Non, ça va, pourquoi cet interrogatoire ?

— Et ces bleus aux jambes... Ton mari te bat, c'est ça ?

Merci Léon, pour la réputation de merde que j'avais au boulot de maman.

L'assistante maternelle avait été très surprise lorsqu'on lui en avait parlé : évidemment, chez elle, il n'avait jamais fait de choses de ce genre. Il y avait certes un petit nouveau dans le groupe qui avait la méchante manie de mordre (qui lui était rapidement passée, par chance), mais ça n'avait probablement aucun rapport. Pour quelle raison dans ce cas, lui qui pigeait si vite, ne parvenait-il pas à se contrôler ? Elle nous avait conseillé de continuer à sévir, tout en prenant garde de ne pas lui faire subir la même chose en retour pour lui montrer ce que ça fait.

— Bien sûr ! Quelle idée ridicule... (*note pour plus tard : visiblement, ça ne sert à rien de le mordre pour qu'il comprenne que ça fait mal... Eh ouais, parfois on ne sait pas, donc nous aussi, adulte, on fait des conneries*)

Nous en avions discuté autour de nous, et certains proches avaient connu ça eux aussi. On avait eu du :

- « Chez nous ça a duré un an, c'était ses copains de crèche qui le chiquaient... C'est parti du jour au lendemain » ;
- du « Il se prenait des torgnoles dès qu'il le faisait, il a rapidement arrêté » (sans blague...) ;
- et du « Non pas du tout, nous notre enfant (qui fait ses nuits depuis sa 3e semaine) il n'a jamais fait ça. Quel comportement étrange ! Vous galérez un peu avec le vôtre, non ? » (ah oui, toi j'avais oublié qu'avec ton fils parfait, je ne devais plus te demander de témoignages...)

Ça avait fini par passer, avec le temps.

Je n'ai malheureusement pas de conseil concret à donner sur ce sujet, mis à part s'armer de patience (et d'un bon stock de crème Hémoclar et de fond de teint, idéal pour diminuer les traces de bleus sur les jambes), lui expliquer les choses, calmement (si possible), et savoir sévir « sans excès » s'il continue. Ah, et signalez le problème aux collègues de votre conjointe avant qu'ils ne lui fassent la remarque, si vous n'avez pas envie un jour de voir débarquer la police à l'improviste.

C'était peu de temps après cet épisode-là que nous avions décidé, ma femme et moi, qu'il n'y aurait pas de deuxième bébé. Léon resterait donc fils unique. Alors que l'un comme l'autre venions d'une fratrie de trois enfants (et qu'on envisageait initialement tous les deux d'en avoir plusieurs, au moins deux), on avait bien réfléchi : on n'aurait probablement pas la force d'en refaire un (enfin de l'élever surtout…).
Il y avait plein de raisons pour argumenter ce choix :
- l'appréhension de revivre des grossesses se terminant mal (la malformation utérine de la maman et l'approche de la quarantaine n'aidant pas). On avait déjà deux fausses couches au compteur (je dis « on », car j'avais dû sécher les larmes de ma moitié et supporter avec elle ces moments cauchemardesques), et Léon s'apprêtait à devenir le troisième, jusqu'à ce que sa situation s'arrange. Plus jamais ça ;

- il y avait aussi le fait qu'on n'était pas prêts à recommencer à passer toutes ces semaines sans dormir des nuits complètes. À bientôt 40 ans chacun, la fatigue est assez dure à surmonter ;
- je ne parle pas de l'aspect financier (la nounou) ou pratique (le nombre de chambres dans l'appartement ou la voiture) : nos salaires plutôt élevés ne nous permettant pas de bénéficier de la moindre aide de l'État et même si l'on n'était pas à plaindre, avec deux enfants on aurait dû se serrer la ceinture.

Inutile de vous dire que lorsque l'on voyait de jeunes parents se promenant dans la rue en berçant un nouveau-né, tout en tenant par la main un premier enfant aussi vieux que le nôtre, on ne pouvait s'empêcher d'être admiratifs. Et curieux. Dans notre tête, cette question résonnait : « Mais sérieusement... Comment font-ils ? Où vont-ils chercher l'énergie et surtout le temps (pourtant inextensible) de s'occuper d'un deuxième en bas âge, alors que nous, déjà avec un, on a l'impression d'être au bout de nos vies, car il prend la totalité de notre temps libre ? » On n'a jamais trouvé la réponse.

On ne se rend compte (d'après les témoignages que j'ai eus) qu'à partir du moment où l'on a un deuxième, qu'en fait, on avait encore un peu de temps par-ci par-là. Et puis, généralement, le premier se retrouve plus ou moins forcé de découvrir l'indépendance lorsqu'il endosse son rôle de grand frère/grande sœur (même si des fois... ça se passe mal).

Après, lorsque le choix d'avoir plus d'un enfant est pris, une proximité familiale (des parents disponibles et pas très loin, ce qu'on n'avait pas) permet de pas mal simplifier les choses.

Mais il y a un piège : si le premier bébé peut être une crème, il y a une probabilité, aussi infime soit-elle, que le second (ou le troisième) soit un vrai petit monstre (et là, bon courage). Comme pour n'importe quel enfant, il n'y a en réalité aucune normalité ni aucune règle (et ce même si les parents ne changent pas). Pour argumenter cet exemple, je ne peux m'empêcher de citer mon grand frère, de quinze ans mon aîné, qui un jour m'avait confié : « Tu sais, si l'on avait commencé par notre 3ᵉ (et dernier) enfant, il n'y en aurait sans doute eu qu'un... »

Voilà ce qu'on tentait d'expliquer, quand nos amis ou de la famille débarquaient avec leurs gros sabots et cette question si classique (et tellement invasive) : « Dites donc, les jeunes, il serait peut-être temps de mettre en route le deuxième, non ? » En général, c'était souvent les mêmes qui nous avaient demandé (lorsque vous galérez à avoir votre premier, ou juste que vous n'en voulez pas) : « Alors, et l'héritier, il est prévu pour quand ? » En fonction du niveau d'amitié et de notre état d'esprit du moment, parfois on argumentait, d'autres fois non, on se contentait de les envoyer bouler avec plus ou moins de tact.

Mais le plus incroyable dans tout ça (je pense que vous serez d'accord avec ce point), c'est sans doute le nombre de fois où il y a eu des gens qui ont tenté de me convaincre que je prenais une mauvaise décision. Véridique : « Mais mec, ton gamin, il va se faire chier tout seul ! C'est super égoïste de

62

faire ça. Tu vas être bon pour passer toutes ses vacances d'été avec un pote à lui si vous partez... Et puis souvent le plus dur c'est le premier, après ça va comme sur des roulettes. Franchement, tu cogites trop, faut y aller sans faire de calcul sinon tu ne t'en sors pas. J'espère pour toi que tu ne regretteras pas ce choix plus tard. »

Merci l'ami ! Merci pour ta tolérance et ta compréhension. Juste pour être sûr, je t'ai demandé ton opinion ? Tu es préposé à la natalité en France ? Je ne crois pas, non. Et à propos, au cas où l'on changerait d'avis (ce qui n'arrivera pas), on te marque sur la liste des gens à contacter le jour où l'on galèrera ? C'est toi qui emmèneras ma femme aux urgences lorsqu'en pleine nuit, elle se rendra compte qu'elle est en train de faire une énième fausse couche, mais que je ne pourrai pas l'accompagner, car qui garderait Léon ? Oui ? On t'appellera pour s'occuper de notre nourrisson de 3 mois une semaine, alors qu'il ne fera toujours pas de nuits complètes ? Comment ça, « non » ?

Je ne peux pas le nier, ce choix fut pénible, pour ne pas dire insupportable, à prendre. Bien entendu, il y avait de la raison, mais aussi une énorme part de regret dans ce cette prise de position. On aurait bien évidemment préféré que Léon soit né trois ans plus tôt, et ce dès sa première grossesse, qu'il ait fait ses nuits rapidement (et définitivement), que le mot RGO ne nous parle pas et que le jour de ses 2 ans il soit propre. *Je n'aurais pas eu d'inspiration pour écrire à son sujet tellement ça aurait été facile, mais peu importe.* Bien sûr qu'on aurait apprécié que le petit ait connu au moins l'un de ses papis, que nos mères soient bien plus proches de nous et disponibles pour nous seconder, qu'on ait la possibilité d'avoir un jardin dans lequel on aurait pu faire construire une extension pour une nouvelle chambre, et qu'est-ce qu'on aurait adoré qu'il ne soit pas non plus malade ou impatient en voiture...

Les choses sont comme elles sont. C'est tout. C'est la vie. Malgré nos galères, on a eu la chance d'en avoir un, ce qui n'est pas le cas de tout le monde. Et puis, de n'avoir qu'un seul enfant, finalement, c'est bon pour l'environnement, paraît-il (enfin, c'est moins polluant que d'en avoir plusieurs... *Best* argument *ever*).

Comme le disait si bien ma tante : « Léon est déjà tellement beau que ce serait dommage d'en refaire un autre, vous risqueriez de le rater ! Par contre, avec ce sourire malicieux, je peux vous dire que vous allez en baver. »

Tout était dit.

Chapitre 6 : Des terreurs nocturnes au Terrible Two...

19 mois.

Allez comprendre pourquoi, il avait fallu que ce nouveau tournant dans l'évolution de bébé tombe en plein pendant Halloween. Un hasard ? Je ne crois pas... C'était arrivé d'un coup, du jour au lendemain, sans qu'on nous prévienne que « ce genre de comportement » existait. Ça avait commencé par des hurlements tandis qu'il dormait, mais ceux-là n'étaient pas habituels, ils vous glaçaient vraiment le sang, un peu comme si quelqu'un lui découpait un membre (enfin, « j'imagine » que ça pourrait ressembler à un hurlement de cette sorte, n'ayant jamais assisté à une scène similaire, je ne fais que supputer). En entendant ses cris, on avait couru jusque dans la chambre et on l'avait trouvé là, allongé, se retournant, hurlant, comme possédé. Et je pèse mes mots.

Le premier soir lorsque ça s'était passé, on l'avait pris dans nos bras et on lui avait parlé pour le rassurer. On ne savait pas qu'on faisait une énorme erreur, et qu'on venait de le réveiller… Car oui, en vérité (mais ça on l'ignorait), bébé dormait toujours. Bien entendu, une fois de plus, on avait rapidement envisagé de l'emmener aux urgences, pensant que quelque chose au plus profond de lui le faisait souffrir. Mais après nous être habillés et alors qu'on était sur le point de descendre au garage, Léon semblait aller mieux. Il venait juste de finir ce qui s'appelle une terreur nocturne.

Et ce phénomène est rudement bien nommé ! Ça aussi, on ne briefe pas assez les parents sur ce petit passage de l'enfance, qui même s'il ne dure pas très longtemps, est assez compliqué à vivre (sauf si vous supportez les boules Quies).

À cheval entre un cauchemar et la réalité, je me souviens que le premier soir (pendant qu'on avait donc fait l'erreur de le prendre dans nos bras) il nous repoussait, hurlait, tapait par terre, incapable de comprendre dans quel monde il se trouvait. Il nous avait fallu le bercer pendant d'interminables minutes afin de le faire sortir de sa transe, de sécher ses larmes, de le rassurer pour qu'enfin il accepte de retourner rejoindre Morphée, après un bon biberon (qui l'avait sans doute plus apaisé que nourri). On allait désormais avoir ça comme stress les prochains jours : le coucher tout en sachant qu'il y aurait une probabilité, aussi infime soit-elle, qu'il nous refasse le même cinéma de manière régulière. *Youpi.*

Par la suite, plus au fait de ce qu'il était nécessaire de faire et surtout ne pas faire, lorsqu'il avait remis ça, nous avions fini par le laisser gémir (non sans appréhender de le voir dans un tel état). La seule chose qu'on devait surveiller, c'était qu'il ne se blesse pas en remuant. Une fois sa crise terminée (ça avait duré une bonne dizaine de minutes, autant vous dire une éternité), il s'était instantanément rendormi.

La terreur nocturne est directement liée à la maturation du sommeil, à la mise en place des différentes phases et à l'installation des rythmes veille/sommeil chez le bébé. Durant ces crises, il se dresse, ouvre les yeux, hurle et sanglote en pleine nuit. Il semble voir des choses effrayantes, alors qu'il n'est pas réveillé, et il peut être compliqué de le faire sortir de sa transe. Il peut parfois prononcer des mots incompréhensibles, se débattre ou adopter une posture de terreur (à noter que s'il commence à grimper au plafond et que sa tête effectue une rotation de plus de 360°, il est plus qu'urgent de consulter un bon psychiatre qui vous aidera à arrêter la drogue ainsi que les films d'horreur).

Après sa crise qui pourra durer au maximum une vingtaine de minutes, il se rendormira et ne se souviendra de rien. En général, c'est épisodique plus que quotidien, il peut y en avoir quelques-unes mensuellement pendant un à deux ans, plus ou moins violentes. La plupart du temps, elles apparaissent aux alentours de 18 mois, et le pic de fréquence se situerait entre 2 et 6 ans (on avait dit pas de spoil...*). On en* *a compté un peu moins d'une dizaine chez Léon jusqu'à l'âge de 3 ans.*

Et à la question que beaucoup de parents se posent : « Comment savoir s'il s'agit d'un cauchemar ou d'une terreur nocturne ? » Dans le second cas, l'enfant a les yeux ouverts : c'est quelque part une forme de somnambulisme, et même si c'est très impressionnant, souvent elle se termine d'elle-même sans l'aide de personne, car votre bambin réussit à se rendormir. À peine 3 % des moins de 15 ans en font de manière répétée. Le cauchemar, quant à lui, est beaucoup plus fréquent, mais moins spectaculaire, et pourra avoir lieu durant toute la vie. Il le fera sortir de son sommeil, généralement en pleurant, meurtri par son souvenir, alors que dans le cas d'une terreur nocturne, il ne se souviendra de rien (contrairement aux parents).

D'après « les Marsettes », le groupe de discussion des mamans dont les bambins étaient nés comme le nôtre au mois de mars 2018 (dans lequel ma femme lisait de manière régulière les commentaires et les évolutions des bambins de chacune d'entre elles), ce genre d'épisode pouvait potentiellement rimer avec l'arrivée de bébé dans une nouvelle phase, que les parents connaissent bien et qui s'appelle « le Terrible Two ».

Le Terrible Two (qu'on a traduit par « la crise des 2 ans » en français) est une longue période normale (mais bien relou*) du développement de votre enfant. Après avoir vécu pas loin de 24 mois plus ou moins tranquilles à faire tout ce que vous lui demandiez, il va comprendre le sens du mot « non », et petit à petit l'user en commençant à refuser d'obéir à ses* *parents. Il le fera au début modérément puis en se braquant, en pleurant, se roulant par terre ou en se mettant à crier, parfois pour vraiment pas grand-chose. C'est dans la logique des choses.*

Jusque-là, il était persuadé de n'être que « le prolongement de sa maman et de son papa » (si, si, je n'invente rien). Sauf qu'avec la découverte de l'autonomie à travers la marche, le fait de s'alimenter tout seul, de s'habiller, il finit par se rendre compte qu'il est un petit être à part entière, capable de décisions incluant la possibilité de dire oui, mais aussi (et surtout) de celle de dire non.

Face à des phrases telles que « va mettre tes chaussures » ou « il faut que je te change la couche, que tu le veuilles ou non ! », c'est un peu comme si le parent faisait comme s'il n'existait pas vraiment. Mais son cerveau n'est pas encore mature pour gérer ces frustrations et ces débordements émotionnels (il ne le sera qu'aux alentours de 5 à 6 ans), alors l'unique moyen qu'il trouve pour extérioriser ses ressentis, pour résister et prouver qu'il existe (*poke* France Gall), c'est de se mettre en colère. On appelle aussi cette période-là « la petite adolescence » (ON AVAIT DIT PAS DE *SPOIL* !) Pour devenir un individu, l'enfant a nécessairement besoin de se séparer de sa mère, c'est donc un passage dur, mais obligé pour lui.

La bonne nouvelle (pour vous, parent angoissé qui n'avez peut-être pas encore atteint cet âge avec votre ravissant fils ou votre ravissante fille), c'est que la virulence de ce Terrible Two sera très différente d'un bambin à un autre : certains ne la verront pas, d'autres n'en apercevront que des bribes par moments tandis que d'autres encore se la prendront de plein fouet.

Au fur et à mesure qu'on avancera dans cette délicate période, on comprendra petit à petit certaines choses. Par exemple, il est souvent inutile de tenter de dialoguer avec l'enfant durant sa colère : il ne vous entend pas. Le mieux étant d'essayer de le rassurer, d'éviter soit même de se mettre dans tous ses états, et une fois terminée, d'en discuter avec lui avec des mots simples une fois calmé. Archi facile en théorie, mais pour ce qui est de la pratique...

Si je grossis parfois le trait dans les descriptions de cette période pour mon petit Léon, sachez qu'on a pu observer bien pire dans notre entourage : si de notre côté certains moments étaient durs, on était loin d'être les parents les plus embêtés par ce mauvais moment, nécessaire au développement de la personnalité (paraît-il).

Enfin, si un jour vous voyez des colères de ce genre dans la rue, dites-vous bien que lorsque le papa ou la maman va prendre la décision, il va penser à une balance :

- d'un côté, il y a « la tranquillité », qu'on pourrait appeler la technique du « je laisse filer ». Les gens me dévisagent, car mon enfant gémit. Je suis (potentiellement) un mauvais parent, mais j'achète la paix sonore en cédant : je lui prête mon smartphone (qu'il me réclame) pour qu'il cesse de hurler ;
- à l'autre extrémité de cette balance, il y a « la rigueur » : « Tant pis pour l'affiche, je t'avais demandé de ne toucher à rien dans le magasin, tu as désobéi et

fait tomber des œufs. Pleure, mais je ne cèderai pas, ça t'apprendra à ne pas respecter ce qu'on te dit » (en rentrant, ça sera apéro, tiens) ;

- et au centre, l'équilibre, « la négociation » ou le juste milieu (un classique chez l'enfant du blond de Gad Elmaleh ou l'enfant modèle que Florence Foresti décrit dans son spectacle *Mother Fucker*) : on discute de la raison de la crise, on essaie de lui expliquer pourquoi il n'est pas content tout en le calmant. Parfois, le smartphone (on est toujours entre mauvais parents, hein) peut « exceptionnellement » être une récompense, mais pas longtemps. Le Terrible Two va être cette succession de choix que vous allez devoir faire, partagé entre votre tranquillité (et votre fatigue du moment) et le fait de ne pas avoir à tout lui céder trop facilement, qu'il apprenne doucement mais sûrement la notion de limites (d'autant qu'il en a besoin pour se construire et avoir des repères).

On avait rapidement eu confirmation que cette phase était imminente lorsque quelques jours après ses premières terreurs, il avait commencé à se rouler par terre (ou presque) au moment de lui mettre les chaussures et son manteau pour aller chez sa nounou, chose qu'il avait pourtant l'habitude de faire de manière quotidienne sans aucun souci. Mais ce matin-là, il avait décidé qu'il refuserait de le faire.

Après avoir parlementé de longues minutes, pris par le temps (une notion qui lui était encore bien étrangère, ça aussi on l'oublie facilement quand on est pressé), j'avais fini par l'habiller de force (et donc sous ses hurlements, vous vous imaginez). On allait en baver les prochains mois...

La technique du leurre fonctionne aussi pas mal dans des situations similaires : il pleure car il veut manger quelque chose mais que ce n'est pas l'heure ? On le distrait : « Hey, tu as vu l'avion dans le ciel ? Il est de quelle couleur ? etc. »

Idem, la technique du « choix » est une très bonne alliée. Il refuse de mettre ses chaussures, lui proposer de choisir : « Tu préfères les bleues ou les marron ce matin ? » Là, il vous montre celles qu'il a envie de porter, et la crise disparaît aussitôt, car on lui a demandé ce qu'il en pensait : en faisant ça, on lui prouve qu'il existe, ce qui le satisfait.

Je ne l'avais pas mentionné, mais vous l'aurez donc bien compris, Léon savait désormais dire « oui » (enfin « ui », sa maman étant picarde, on l'excusera...), mais également et surtout « non » (il le faisait avec la tête depuis déjà quelques mois), « tature » pour *voiture*, ainsi que le mot « bateau », assez inutile en Île-de-France, on est d'accord, mais permettant de désigner sa petite arche des animaux reçue au précédent Noël et qu'il ressortait sans arrêt pour jouer. Je le précise au cas où, le Terrible Two ce n'était pas non plus H24, hein (heureusement), c'était par périodes.

Les balades au parc étaient aussi parfois un peu plus longues (dès lors qu'il avait accepté de marcher), car il voulait absolument être celui qui ferait avancer sa poussette. À coups de « heu heu heu ! », il nous montrait son désir d'être chaque jour plus autonome.

Il prenait également un grand plaisir à jeter tout ce qui lui tombait sous la main dans le bassin du parc : feuilles, fleurs, bâtons, marrons, ainsi que des morceaux de pain ou de boudoir qu'on lui donnait et dont les canards semblaient se délecter (*Comment ça il est interdit de les nourrir ? Le panneau, là ? Ah oui, peut-être. Quelqu'un a dû le mettre à l'instant sans qu'on le voie...*).

Enfin, comme beaucoup d'enfants de son âge, il était régulièrement nécessaire de faire un passage « obligé » par la balançoire « pour petits » (équipée d'un siège où l'enfant passe ses jambes pour ne pas tomber), là où il y avait souvent, été comme hiver, la queue si l'on arrivait trop tard. Et je ne parle pas des nombreux pleurs dès lors qu'il fallait laisser son tour pour le copain d'après. La notion de partage prenait parfois du temps à être assimilée...

Croyez-le ou non, il se sentait aussi l'âme d'un clown, se rendant compte que certaines de ses actions pouvaient faire rire. Du coup, il lui arrivait de faire exprès de tomber par terre et de ne pas savoir se relever, ou alors il se gargarisait en buvant son verre (se marrant à moitié de découvrir ce nouveau bruit amusant). D'autres fois, un drap ou une serviette derrière lequel il se cachait déclenchait l'hilarité de son auditoire, conquis. Il adorait visiblement capter l'attention, allant parfois jusqu'à faire semblant de rigoler pour nous amadouer.

C'était donc un « bébé clown ». De qui pouvait-il tenir ce besoin de faire rire les gens ? On se le demande...

Chapitre 7 : Baptême de manège

22 mois.

Si j'ai tendance à citer trop souvent les moments un peu compliqués, il y en avait aussi de sacrément drôles. Depuis son plus jeune âge, Léon n'avait d'yeux que pour nos smartphones : que ce soit quand on jouait dessus ou qu'on perdait notre temps à *scroller* sur les réseaux sociaux, lorsqu'on (ou sa nounou) le filmait avec, dès qu'il en voyait un il essayait de l'attraper. Je n'ai jamais compris l'attirance qu'ils (lui et les enfants de sa génération) ont en général pour ces écrans, ou peut-être est-ce juste le fait qu'ils nous observent si souvent avec qu'ils veulent à tout prix le prendre : le phénomène du mime est fréquent chez les enfants.

L'une de ses grandes activités favorites consistait donc à nous le chiper, dès lors qu'il repérait celui de son papa ou de sa maman (généralement posé sur le canapé, si par malheur on avait oublié de le planquer...). Mais un matin, il était passé à la vitesse supérieure...

Tandis que sa mère se préparait à partir au travail, elle avait mis son sac à main à l'entrée, grand ouvert, avec son smartphone dedans. Alors que je me brossais les dents, j'ai vu soudain détaler Léon dans sa chambre, dans laquelle il s'est enfermé :

— Hum... Je pense qu'il a chopé mon portable, m'a confié mon épouse.

— Qu'est-ce qui te fait dire ça ?

Elle m'a montré un jouet vert, d'une quinzaine de centimètres de haut, représentant un téléphone sur lequel étaient affichés les contacts de M. Chat, Mme Grenouille, Mme Vache... Vous le croyez ? Le petit malin avait vu que personne ne le regardait, et avait profité de ce moment pour les échanger tous les deux. Quel filou ! Je l'imaginais tellement penser : « Je suis sûr que sur un malentendu, ils ne s'en rendront pas compte, et que je pourrai le garder toute la journée... » Bon, à l'époque, ça nous faisait sourire, mais par la suite, son addiction à nos smartphones a été bien plus difficile à gérer.

Mois après mois, son vocabulaire continuait gentiment à s'enrichir ; il répétait désormais quelques fins de mots :

-    « panda » pour son lapin en peluche faisant de la musique (bien pratique pour l'occuper pendant le changement de couches), (oui, pourquoi « panda » et non pas « lapin » ? ça... aucune idée) ;

- « to » pour photo ou la moto de papa que je prenais pour aller au travail ;
- « tature » pour voiture ;
- « tétine » ;
- « ti » pour parti, « bé » pour tomber, « main », « pain », « chat », et enfin ;
- « pin » pour sapin.

En effet, le 25 décembre arrivait à grands pas, et c'était pour lui la première fois qu'il pourrait profiter des festivités (étant donné que l'année précédente il était un peu trop petit pour apprécier). L'achat des décorations au Botanic (un magasin de plantes, mais également une animalerie) du coin ne fut pas de tout repos, car monsieur voulait absolument repartir avec des boules de décoration rouges... Il eut la chance de faire la connaissance quelques jours plus tard du vrai papa Noël (tout du moins, celui qu'incarnait mon oncle). Avait-il apprécié cette rencontre, ou était-ce plus pour nous, pour avoir de belles photos ? L'histoire ne le dit pas... Mais oui, il était sans doute bien trop jeune pour bien comprendre qui était ce gros bonhomme rouge avec une énorme barbe blanche.

Et du coup, j'en profite pour poser tout haut cette question que beaucoup se posent tout bas : faut-il dire ou non à un enfant que le père Noël n'existe pas ? C'est un grand débat. Et le côté le plus kafkaïen de la chose, c'est qu'on passe notre vie à leur dire qu'il est interdit de mentir, mais que l'une des premières choses que l'on fait, c'est de leur pipoter cet extraordinaire mensonge, à savoir qu'il y aurait dans le monde un gros monsieur tout de rouge vêtu sur un traîneau tiré par des rennes volants (sérieusement ?), qui en une nuit, réussirait à passer dans toutes les cheminées de la terre entière (je vous passe la problématique concernant les différences de cultures, les endroits sans cheminées, je n'évoque même pas l'étroitesse des conduits, l'impossibilité technique temporelle ou matérielle de la chose, et le fait que depuis qu'on en parle on l'aurait bien vu un moment ou un autre s'il était réel) pour vous apporter le jouet que justement vous aviez vu dans la supérette du coin (où il y a d'ailleurs toujours le prix).

Honnêtement, de notre côté, à bientôt 2 ans, on avait d'autres choses à cogiter que de conclure sur ce débat. Comme ses parents, on lui dirait lorsqu'il serait prêt, vers ses 18 ans (en supposant qu'il l'apprendrait probablement par ses premiers copains de la maternelle).

Le soir du 24 décembre, le vrai (faux) père Noël a donc déposé au pied du sapin familial de nombreux cadeaux. Léon a ainsi reçu une grande quantité de nouveaux livres, mais a également été rapidement très intéressé par des jeux de société tels que le « Colorino » (un grand classique, lui permettant de « colorier » grâce à des petits pions ronds des tons primaires, le tout en suivant un modèle ou en laissant libre cours à son imagination), « Le Petit verger » (un jeu amorti sur les années, avec un dé à lancer, afin de ramasser quatre types de fruits avant que le corbeau ne les mange), ainsi que « Les Petites souris » (idem sur le principe, sauf que les pommes sont des souris, et que le corbeau est un chat qui dévore des poissons) ainsi que d'autres jeux de construction qu'il a utilisés de manière un peu plus aléatoire durant l'année.

Léon prenait désormais beaucoup de plaisir à écouter les histoires que je lui contais, allongé à côté de moi sur mon lit. On m'avait confié que ça leur permettait d'étendre leur vocabulaire et qu'il ne fallait pas avoir peur d'en abuser. Dans ses lectures, inutile de dire qu'il avait bien entendu ses préférences, et que j'avais dû lui lire deux cents fois (ou deux mille, je ne me souviens plus) un des recueils de Petit Ours brun (qu'il appelait « Boa »). À force, j'avais fini par connaître par cœur l'épisode de la soupe (qu'au début il ne goûte pas, mais #spoil qu'il dévore après l'avoir pourtant boudée), et les autres que je vous laisserai découvrir (je pense que vous n'y couperez pas...)

Il y avait également un livre sur un mille-pattes ingérant plein d'aliments. Allez comprendre pourquoi, il désignait ce livre par le terme « bâtard », mais ça a été pour lui l'occasion d'apprendre petit à petit à nommer les fruits et les couleurs, dont le bleu qu'il appelait « beau » et le rouge « ouge », la lettre « r » étant l'une des lettres les plus compliquées à prononcer.

L'Imagier de Montesori (un livre rempli de belles gravures introduisant énormément d'objets communs en fonction de leur famille, de leur emplacement, etc.) lui a permis également d'étoffer un peu plus son vocabulaire, et il le réclamait sans cesse pour réviser les nouveaux mots. Pour la petite anecdote, dès qu'il voyait le dessin du balai, il se levait et allait montrer le nôtre du doigt, afin de nous faire comprendre qu'il avait bien en tête ce que cela signifiait.

La lecture (ou tout du moins observer les images) semblait vraiment l'intéresser, et on l'avait surpris plus d'une fois en train de nous chiper plus ou moins discrètement dans notre bibliothèque des grands livres illustrés (de yoga ou de cuisine), après quoi il s'installait par terre sur le ventre et il parcourait les pages, tranquillement, juste pour profiter des belles photos.

On appréciait énormément ces (rares) moments de calme, à le contempler jouer et lire seul dans sa chambre. Son lit-cabane (enfin réceptionné) ressemblant à une maisonnette, bordé d'une petite barrière pour qu'il n'en tombe pas, trônait désormais fièrement dans sa chambre. Il allait remplacer son lit à barreaux dans lequel il n'avait finalement pas fait beaucoup de nuits...

Adieu le cododo ainsi que le matelas par terre d'où il chutait trop souvent ? Peut-être. On espérait que grâce à ce nouveau système il accepterait plus facilement d'aller dormir dans ce lit génial, pour lequel sa maman et moi nous serions damnés quand on avait son âge. Mais la réalité serait une fois de plus un poil différente de ce à quoi l'on s'était attendus...

S'il appréciait vraisemblablement les périodes de vacances, car il pouvait profiter de nous en permanence, c'était aussi pour nous des moments durant lesquels il nous fallait lui trouver des occupations (en prenant soin d'éviter les écrans, cela va sans dire).

Le « transvasement » d'un récipient à un autre avait plus d'une fois sauvé nos matinées : qu'il s'agisse de petites nouilles sèches ou d'eau, le nôtre adorait faire ça, et ça pouvait le distraire... au moins 20 minutes ! Cet exercice était parfait pour sa micro-motricité. D'autres fois, il se contentait de faire un peu de pâte à modeler (enfin surtout de nous regarder faire). C'est fou comme l'odeur pouvait nous rappeler un lointain souvenir de la maternelle...

La visite du Botanic du coin faisait également partie des nouvelles sorties qu'il appréciait, car il était possible d'y observer derrière des vitres de vraies souris, des rats, des petits lapins ou des poissons multicolores.

C'est le lendemain de la soirée de la Saint-Sylvestre (qui marquerait l'entrée en 2020, une bonne année de merde) qu'après de longs moments à contempler le manège situé sur la place de notre ville (très régulièrement au moment de rentrer de chez sa nounou), il avait fini par se décider à faire son premier tour.

Il faut savoir que le baptême de manège est souvent plus compliqué pour les parents que le petit (qui va en général assez bien). En effet, pour sa première fois, il doit impérativement être accompagné, et croyez-moi, quand on est adulte, c'est un challenge... Il est donc monté dans un 4×4 de la brousse, puis dans Dumbo l'éléphant, puis dans un hélicoptère de pompiers.

Ce petit rituel qui aurait lieu désormais deux, trois, parfois quatre fois par jour par la suite (un véritable budget) nous ferait nous interroger : « Pourquoi diable réussissait-il à apprécier de tourner en rond pendant au moins deux à trois minutes (ce qui peut rapidement devenir gerbant pour le moindre adulte pas ou peu entraîné à la chose), alors qu'il était si souvent malade, dès lors qu'il s'agissait de prendre la voiture ? » Je sais que beaucoup de parents ont cogité sur ce sujet, malheureusement il faut croire qu'à ce jour, aucune réponse n'existe : c'est comme ça, dommage pour l'odeur de neuf de votre nouveau bolide, vous le saurez la prochaine fois que vous irez en Dordogne...

À force de l'emmener régulièrement faire du manège, j'avais fini par repérer quelques détails sur les enfants qui y allaient. Si certains faisaient éclater leur joie dès lors qu'ils y étaient en riant, en hurlant, en simulant le bruit du véhicule sur lequel ils étaient, un grand nombre (dont le nôtre) semblaient un peu absents, le reste du monde n'existant plus. On tentait malgré tout de lui faire coucou de la main pour lui montrer qu'on était bien là, mais lui ne nous voyait pas. Étrange, non ? Surtout pour quelqu'un qui était pourtant ravi d'y aller et de faire en sorte qu'il y ait encore un tour après le « dernier ».

L'autre point un peu particulier (pour le coup, je n'ai pas vraiment de comparaison, c'était peut-être propre à notre fils), c'était de voir à quel point la gérante des lieux insistait pour qu'à chaque fois qu'un enfant grimpe dans un élément pouvant s'élever dans les airs (tel que l'hélicoptère, le dragon ou Dumbo l'éléphant), il FALLAIT absolument qu'il appuie sur le bouton pour le faire. Le nôtre savait comment ça fonctionnait, mais parfois il n'en avait probablement pas l'envie : elle venait le rejoindre, et en marchant à la même allure que la rotation du manège, elle le faisait à sa place pour lui montrer qu'il pouvait monter. Il la regardait alors, l'air de dire : « Pourquoi me déranges-tu dans mon petit moment de bonheur intérieur ? » Étrange. Quand vous pratiquerez la chose avec votre bambin, n'hésitez pas à observer les gens (vu que c'est quand même chiant [et répétitif] comme distraction). À défaut de trouver des détails dans ce genre, ça vous occupera.

Quelques jours plus tard, alors qu'il continuait à avoir de plus en plus de mots à son registre, à parfois « éteindre les écrans », les poser sur la table et dire « dodo » avant de venir me prendre la main pour que j'aille jouer avec lui, le 7 mars 2020 était arrivé, et Léon avait fièrement fêté ses 2 ans.

90 centimètres, pour 12,4 kg. Sa nounou lui avait appris comment faire, et désormais c'était son grand hobby que de souffler sur une bougie dès qu'il en voyait une (à tel point que parfois le soir, il nous demandait d'en allumer une exprès...). Ça y est, c'en était enfin fini des décomptes de son âge en mois (sauf pour ce livre bien sûr), on se contenterait de l'agrémenter dans six mois d'un « et demi ».

Quelques membres de la famille étaient venus ce jour-là pour célébrer avec lui ses deux bougies sur un gâteau avec « Boa » de dessiné dessus. Déjà à ce moment-là, on commençait à nous parler de distance de sécurité à cause d'un étrange virus ressemblant à une grippe très contagieuse, en provenance de Chine. Nous avions donc fait attention à ne pas abuser des effusions. Et dire qu'on avait réservé début février un voyage en Espagne qu'on avait prévu de faire pour la fin du mois de mars, à Séville, persuadés qu'à cette date lointaine, ça se serait probablement calmé... Ça aurait été son baptême de l'air en avion, et ça aurait sûrement été super bien. Ah ah. On ne saura jamais.

Je me souviens, après le repas d'anniversaire (on n'avait pas eu trop le choix sur la date...), de m'être rendu à un match de volley en région parisienne de mon championnat national. J'étais loin, tellement loin à ce moment précis, de me douter qu'il s'agirait du dernier de la saison 2019/2020 (qu'on perdrait d'ailleurs avec la manière).

Chapitre 8 : Confinement

2 ans.

Comme d'autres, je suppose, je me souviendrai toute ma vie de cette dernière journée « d'avant ». Alors qu'on ne savait pas encore si le port du masque était recommandé ou pas pour lutter contre ce foutu virus, j'avais passé mon lundi à préparer un ordinateur portable « au cas où » je devrais télétravailler les prochaines semaines, car si ce que l'on disait était vrai, on s'apprêtait à « confiner » la France entière. Je n'étais pas certain de comprendre ce que cela signifiait exactement, et il y avait trop de rumeurs qui circulaient pour en être sûr, mais ça ne sentait pas très bon.

Le soir, le président de la République Emmanuel Macron avait fini par nous confirmer cette triste vérité, déclaration ponctuée quelques minutes plus tard d'un message de notre assistante maternelle qui nous informait qu'à cause des restrictions sanitaires, elle allait elle aussi devoir stopper son activité. Sachant que ma femme était en plein rush et télétravaillait déjà en partie et que de mon côté, mon département allait probablement être suspendu, c'était donc moi qui devrais garder Léon durant les prochains jours. Par chance, contrairement à pas mal d'amis parents, mon employeur me le permettait.

En France, le 1ᵉʳ confinement à cause de la Covid-19, ayant pour objectif de limiter la propagation du virus, a eu lieu du 17 mars 2020 au 11 mai 2020. Durant cette période, il était nécessaire d'avoir sur soi une attestation (papier dans un premier temps, puis numérique) pour sortir de chez soi à raison d'une heure maximum, dans un rayon d'un kilomètre, sous peine d'une amende. Jogging, activités sportives, regroupement en plein air étaient interdits.

Les rares passants qu'on pouvait rencontrer dans la rue (qui pour la plupart allaient à la supérette du coin pour faire le plein de PQ et de pâtes), parfois équipés de masques, changeaient de trottoir dès que vous les croisiez, avec un regard suspicieux. Dans les parcs fermés, l'herbe non entretenue grimpait à vue d'œil, offrant dans certains endroits des visions postapocalyptiques. Le destin avait voulu que durant cette interminable période, le temps soit juste magnifique et ne donne qu'une envie : celle de sortir. Ce fut un confinement atrocement perturbant (car c'était la première fois que ça nous arrivait), respecté, et long – terriblement long. Le plus dur étant sans doute qu'on n'avait aucune idée d'une date de fin, de quand la vie pourrait reprendre. S'il y a des moments historiques exceptionnels qu'on ne vit qu'une fois, je pense que c'en était un.

Youpi.

J'allais désormais m'occuper de mon fils H24, alors qu'il commençait lentement mais sûrement son Terrible Two, le tout avec un magnifique temps dehors, mais sans possibilité de nous balader à plus d'un kilomètre de chez nous, pas plus d'une heure quotidienne. Rien que ça.

Soupir. Les journées allaient être longues... Très longues.

Identique au lundi, pour moi le mardi était ainsi devenu le *mardimanche*, suivi du *mercredimanche*, du *jeudimanche*, du *vendredimanche*, du *samedimanche* et du dimanche... lui n'avait pas été renommé. Sans l'entraînement sportif du mardi puis du vendredi soir, la crème brûlée que mon self proposait régulièrement tous les jeudis midi, ou l'apéro du vendredi, j'avais comme beaucoup, je pense, rapidement fini par perdre toute notion du temps.

Et Léon ? Comment a-t-il vécu cette période-là ?

Je crois bien qu'il kiffait de passer plus de moments que d'habitude uniquement avec son papa. Et même si ça n'avait pas tous les jours été facile (même que parfois ça avait été « très » compliqué), oui, je suppose que quelque part, ça m'avait aussi permis de me rapprocher de lui.

Sur les réseaux sociaux, le « tribunal Twitter » (qui lui n'avait pas été confiné...) jugeait « d'indignes » tous ces parents qui avaient le malheur de se plaindre d'être avec leurs bambins, parce qu'ils pétaient un câble d'avoir à les gérer H24 (souvent en plus du télétravail...). Et que répondre à cette question, que je voyais sans cesse revenir : « Hey, vous qui avez décidé d'avoir des enfants, comment faites-vous pendant les vacances ou les week-ends ? Vous laissez vos gamins en dépôt dans une gare ? Fallait pas en faire dans ce cas, vous auriez dû vous contenter d'acheter une plante verte ou des poissons. »

Je me permets de préciser que débutant depuis peu l'aquariophilie, contrairement à ce qu'on peut penser, cela nécessite bien plus de travail et plus de patience qu'on ne le croit de bien s'occuper de la faune et de la flore d'un aquarium, mais, je sens que c'est un peu hors sujet... J'y consacrerai peut-être un livre à part entière, ou pas.

La réponse à cette question assassine (comme souvent en provenance de Twitter) était pourtant logique : peut-être que tout simplement, les week-ends les gens ne bossent pas, et que durant les vacances, s'ils sont en appartement, ils en profitent pour quitter leur 35 m^2 sans balcon (que ça n'amuse pas forcément d'habiter) pour partir respirer ailleurs, et que le reste du temps ils peuvent faire des virées à la campagne pour prendre l'air. Ou je ne sais pas moi, peut-être qu'ils vont par exemple rendre visite aux grands-parents, bref, cela n'a rien de comparable.

Mais malgré le fait que la critique soit facile, j'avais bien évidemment été touché par ces mots, par ces terribles « Vous faites des gosses pour qu'on vous les garde ? », et ce même si, la plupart du temps, cette remarque venait de « trolls », de « haters » et d'autres personnes n'ayant probablement jamais eu d'enfants. De toute façon, je n'avais pas le choix, je devais m'en occuper le matin, le coucher après lui avoir donné à manger le midi, après quoi ma femme prenait le relais, une fois réveillée. D'ailleurs, ça avait été le meilleur moment que Léon avait trouvé pour se dire : « Tiens, et si je ne dormais plus qu'une heure et demie au lieu de mes traditionnelles trois heures pendant ma sieste ? » Avec trente minutes (en moyenne d'endormissement), ça ne me faisait qu'une courte pause pour souffler. Mais le plus dur dans tout ça, c'était qu'on voyait des gens mourir partout à la télé, et que le bout du tunnel n'était pas visible. On n'avait aucune idée de combien de temps cela allait durer.

Et que penser de ces gens, qui disaient : « Mais qu'est-ce que vous ne comprenez pas dans le mot "confinement" ? » parce qu'on se permettait de fréquemment sortir notre enfant pour lui faire prendre l'air ? Alors que c'était les mêmes qui commandaient à tire-larigot des colis Amazon et Veepee quotidiennement, essentiellement des fringues ? Je suppose qu'ils devaient ignorer le besoin pour ne pas dire vital qu'éprouve un gamin de s'ébrouer, de courir, de galoper, de se dépenser à l'air libre (en respectant du mieux possible la distance sociale, cela va sans dire).

Alors, pour oublier ce climat délétère, je le baladais (dans sa poussette la plupart du temps) autour du parc, par cet incroyable ciel bleu du début du printemps. Parfois, je trichais, en le sortant une deuxième fois la même journée (avec la maman) avec une autre attestation, et ce malgré le fait que je ne me sente pas fier de resquiller. Mais notre bien-être mental était en jeu.

Comme certains autour de nous, nous aurions pu fuir la région parisienne bétonnée à la recherche de grands espaces verts (cette fameuse transhumance que beaucoup de provinciaux ont trouvée insupportable, mais pour « survivre mentalement », par moments, on doit faire des choix...). Malheureusement, la seule personne qui aurait pu nous accueillir était ma mère (possédant une maison avec un grand jardin), mais elle habitait à plus de 100 kilomètres de chez nous. De plus, faisant partie de la population à haut risque du haut de ses 75 ans, c'était trop dangereux pour elle. Un petit espace vert au pied de notre immeuble nous avait permis d'échanger avec d'autres parents qui y vivaient, et eux n'avaient pas eu le choix que de télétravailler à 100 %. Dans leur cas, la gestion de leurs deux enfants (dont l'un avait l'âge de Léon) était vraiment plus que compliquée (comprenez : ils avaient bouffé du dessin animé et de l'écran plus que de coutume). Du coup, on relativisait...

Avec le recul, je me dis que si l'on avait loué une immense baraque bien isolée en province, on aurait eu de grands espaces et un jardin digne de ce nom. Mais on n'aurait pas eu ces moments de confession qui faisaient du bien à tout le monde.

Comme beaucoup, je pense, on en avait bavé. Vraiment. Ce n'était pas un hasard si on se faisait avec ma femme un apéro tous les soirs, en profitant du coucher de soleil sur notre balcon. Parce que du coup, on n'avait plus aucun exutoire lorsque ses crises de « non » ont commencé à se multiplier, très souvent pour rien : « Tu viens Léon, on va aller faire un tour ? » Et là, vous voyiez votre enfant se rouler par terre en pleurs, étant donné que finalement, il avait décidé qu'il ne souhaitait plus sortir, sauf que deux minutes plus tôt, c'est lui qui vous avait supplié de vous balader (sans mauvais jeu de mots). Pire : lorsqu'il faisait ça car vous lui aviez mis ses chaussures bleues alors qu'il préférait les marron (les fourrées, alors qu'il fait 20 °C dehors). Une petite dernière anecdote pour la route ? Allez, c'est gratuit : le tour du pâté de maisons s'était bien passé, et après l'ascenseur c'est vous qui aviez ouvert la porte d'entrée, tandis qu'il voulait que ça soit lui (mais il ne vous l'a dit qu'après, entre deux sanglots).

Résultat ? Hurlements, pleurs, crise de larmes. C'était parfois aussi simple que ça.

Ça donne envie, n'est-ce pas ?

Idem pour les repas, qu'il refusait de plus en plus fréquemment en repoussant la cuillère qu'on lui donnait, en précisant « a pas faim ! » Mais pour prendre un yaourt de papa, là il y avait du monde par contre.

Le premier gros *pétage* de câble de ma part a eu lieu environ une semaine après le début du confinement. Je me souviens d'être parti de l'appart en claquant la porte, en pestant à mon tour. J'ai oublié la raison, mais ce n'était sans doute pas grand-chose, quelque chose chez Léon et une remarque de ma femme qui avait enflammé le tout. Résilience oblige, cet épisode avait rapidement été classé, parce qu'on n'avait pas le choix : on devait tenir.

De plus, contrairement à certains secteurs économiques particulièrement sinistrés, en tant que petit couple de « cols blancs », on n'avait pas vraiment le droit de nous plaindre, le télétravail serait tôt ou tard la solution, et de toute façon, nos salaires seraient versés en fin de mois, « quoi qu'il en coûte », on le savait. Enfin, par rapport à d'autres Parisiens, nous avions la chance de posséder un grand balcon.

On avait d'ailleurs montré à Léon en début de confinement comment faire des bulles, et ça l'enchantait. Au début, il s'était contenté de nous regarder avant de rapidement réussir à son tour l'exercice. C'était une grande première pour lui, et au-delà du fait qu'il en renversait régulièrement la moitié lorsqu'il voulait tenir le contenant, ça lui permettait d'avoir quelques minutes d'indépendance (qui étaient précieuses à cette période).

Mais après avoir trop souvent balancé tout ce qui lui tombait sous la main (de son pot de perles en verre à une grosse voiture en plastique en passant par des morceaux de carton sur lesquels il faisait de la peinture) de notre 5ᵉ étage, on avait aussitôt dû se résigner à ne jamais le laisser seul sans surveillance. Par chance, il n'y avait eu aucun blessé (même si la voiture, qui avait miraculeusement survécu à la chute, en portait encore les séquelles).

« Si les écoles restent trop longtemps fermées, ce sont les parents qui vont trouver un vaccin avant les scientifiques » était la petite phrase rigolote du moment qui tournait sur Twitter. Mon Dieu, c'était tellement vrai... J'imaginais avec compassion ceux qui avaient plusieurs enfants parfois d'âge et de niveau scolaire différents, obligés de télétravailler, tout en continuant à assurer les devoirs de leurs bambins pour qui il était probablement impossible de sortir ne serait-ce qu'une heure par jour... Waouh. Respect à eux.

Mis à part la dénonciation auprès des flics venant d'une voisine de chez nous (celle qui commandait très souvent chez Amazon et que j'ai évoquée quelques lignes plus haut, et qui donc n'avait pas d'enfant, hein), estimant qu'on était trop nombreux à être dehors en même temps, je crois bien qu'on avait fini par s'habituer à cette situation inédite. Cette « guerre moderne ». Le miracle de la résilience de l'être humain dans toute sa splendeur.

C'était dans ce bordel qu'on tendait d'organiser un peu plus quotidiennement que Léon s'était mis à parler. Pas seulement un mot par-ci par-là, non, il avait commencé à faire de vraies phrases. Sa première, ça avait été quelque chose comme : « canard a pas faim » alors qu'il leur jetait des pierres (une rumeur court comme quoi ça ne les intéressait pas en réalité). Il avait continué à développer son langage avec « escargot a pas faim » ou « coccinelle fait dodo » (oui, je l'occupais pas mal à observer certains éléments de la nature qu'on pouvait découvrir dans notre copro…). Et puis un matin, il y avait malheureusement eu : « aïe... bobo zizi ».

Après nous l'avoir répété plusieurs fois et qu'on avait été sûrs que ce n'était pas des mots prononcés au hasard, on avait immédiatement pris un rendez-vous en urgence chez notre pédiatre (encore une chose qui aurait sans doute été plus compliquée si l'on avait quitté notre béton parisien).

Comme souvent lorsqu'il fallait l'emmener chez le médecin, pour des problématiques d'agenda, c'était moi qui m'y étais collé. La pédiatre nous avait confirmé que Léon venait d'avoir sa première infection (du gland) : une

« balanite » (encore une maladie inconnue de nos parents...).
Comme si l'on avait besoin de ça !

— Et sinon, docteur, c'est grave ?

— Ne vous inquiétez pas, ce n'est pas grand-chose, avait affirmé la pédiatre derrière son masque.

— Le traitement pour le soigner consistera en quoi ?

— Alors, il faudra lui mettre de la crème, et lui faire des bains de zizi deux fois par jour avec un produit que je vais vous prescrire.

— Des bains de zizi ?

— Oui. Il doit absolument le laisser tremper dans la solution au moins trois minutes.

— Eh bien, ça promet...

— C'est impératif pour que ça guérisse rapidement. Et n'hésitez pas à utiliser tous les subterfuges que vous voulez à ce moment-là afin qu'il respecte bien son traitement.

Pour le coup, lorsqu'il s'agissait de lui appliquer ces soins, on était bien contents de lui mettre nos smartphones entre les mains pour l'occuper (et ça marchait plutôt pas mal), car du coup, il ne mouftait pas et se laissait faire. Effectivement, il n'avait pas fallu longtemps pour que l'infection disparaisse.

En revanche, cette petite affaire n'avait pas arrangé son addiction aux écrans. Il appréciait visiblement toujours autant de regarder les vidéos et photos (sur lesquelles il était) que nous envoyait régulièrement son assistante maternelle. Il avait été surprenant de voir la vitesse à laquelle il avait réussi à comprendre comment naviguer d'un dossier à un autre, et également comment parvenir à accéder à la galerie, que ce soit à partir de l'icône, soit en passant par l'appareil photo...

Parfois, il lui arrivait aussi d'en publier en story Instagram ou Facebook, avec cette légende assez forte, je cite : « zerpoiisssss""eddd ?......... »

C'est à partir de ce moment-là qu'on avait décidé de toujours le mettre en mode avion, dès lors qu'on lui confiait...

En cette fin de mois de mars, le 25, un autre événement allait devoir être fêté : le changement de dizaine pour ma part.

J'étais pas prêt.

En visio avec la famille, je me souviens d'avoir plaisanté en racontant cette vieille blague, que j'avais bien dû sortir une bonne centaine de fois : « C'est fou, on m'avait dit : "tu verras, la quarantaine c'est rien du tout", eh bien je ne voyais pas ça comme ça ! »

Et quel plus beau cadeau aurait-on pu me faire qu'un prolongement du confinement d'une durée de 15 jours ? *(*spoil *: par exemple une semaine au soleil, nourri logé blanchi, avec ma femme, mon fils et une nounou pour s'en occuper pendant qu'on ferait la crêpe sur une plage de sable blanc, ça, ça aurait été la classe...)*

Chapitre 9 : Confinement, suite

2 ans et 1 mois.

— T'as vu, il y a beaucoup de fourmis !
— Vi.
— Il y en a combien ?

— Un, deux, trois, quatre, cinq, a beaucoup !
— Et tu leur donnes une feuille à manger ?
— Vi... Oh… A pas faim !
— Aïe... Et Léon, il a faim ?
— Non, a pas faim !

Après un dialogue de cette qualité, je crois qu'on pouvait dire qu'il parlait maintenant. Et oui, les sujets de conversations étaient très orientés « nature », dans le cadre « idyllique » de notre copro bétonnée dans laquelle il fallait bien meubler le temps. Le nourrissage des fourmis, la recherche des coccinelles (je lui avais appris comment faire pour les « apprivoiser », et dès qu'il en voyait une, il s'écriait : « main Léon »), un peu de course à pied aussi derrière papa faisant semblant d'aller se cacher, et enfin apprécier le parfum des roses, c'était devenu un peu notre train-train quotidien en attendant la fin de ce fichu confinement et la possibilité de retourner dans les parcs.

Mon arrêt de travail avait été prolongé, et sous ce magnifique soleil de printemps, je continuais à m'occuper de mon fils.

Sa dernière découverte (pouvant vite se transformer en connerie) : il était assez grand et avait désormais compris comment il fallait procéder pour ouvrir une porte incluant celle de sa chambre, de la salle de bain (le seul endroit dans lequel il nous restait un peu d'intimité, vu qu'aux W.-C., avec la porte coulissante, ça faisait longtemps qu'on n'en avait plus), mais également celle de l'entrée, il faisait ainsi parfois son petit curieux dès lors qu'il entendait du monde dans le couloir.

On s'était dit qu'on aurait pu profiter de cette période pour l'introduire à la culture du pot. Il en avait rapidement saisi le principe, enfin une partie à savoir : « s'assoir dessus et faire caca dans sa couche ». Cependant, on n'avait pas anticipé le fait que ça lui inspirerait l'idée de se créer un nouveau rituel le soir, histoire de repousser un peu plus le moment ultime où il serait obligé d'aller faire dodo. Ainsi, lorsqu'il était l'heure d'aller au lit, il se mettait à hurler : « Caca pot ! » On lui donnait, et il s'y asseyait, restant des plombes dessus (la table d'éveil musical sur laquelle il jouait quand il était sur le trône ne lui donnait probablement pas envie d'être pressé...)

Ça n'aurait pas posé de problème si une fois sur deux il ne criait pas dès lors qu'on devait le changer... Merci le Terrible Two. Lorsque cela était pourtant nécessaire pour ses vêtements (parce que plus le temps passait plus on avait des fuites) pour notre nez ou pour de basses raisons pratiques (parce que déjà qu'une couche pleine de caca ce n'est pas drôle, mais quand en plus ça s'est étalé partout et que vous galérez à le décoller, ça l'est encore moins), on devait faire face à des pleurs, parfois des coups de pied, de poing, des hurlements, des projections de ce qu'il avait à portée. En un mot : le bonheur.

On s'épuisait régulièrement à lui répéter : « Léon, si tu ne veux plus qu'on te change la couche, tu n'as qu'à aller sur le pot. Et puis toi qui le réclames ces derniers temps, ça te permettra d'admirer ton caca ! » Plus tard, il finira par nous répondre : « Je peux pas aller sur le pot parce que moi je suis trop petit... » Véridique.

On était même allés jusqu'à investir dans un siège muni de deux marches afin qu'il s'asseye directement sur la lunette de nos toilettes : chez certains ce fut un déclic, pour le nôtre un gros raté. L'équipement s'était retrouvé en face des W.-C., lui permettant ainsi à notre grand dam de s'asseoir pour nous tenir compagnie, lorsque « nous » étions dessus (à la recherche d'une intimité qu'on ne trouvait pas à tous les coups...). Loupé.

Et pourtant, ce n'est pas le fait qu'il ne ressentait pas l'envie... Non, ça il n'y avait pas de problème lorsqu'il sentait venir le besoin de faire la grosse commission. Il avait à la maison (où il préférait d'ailleurs faire ça, essentiellement le soir) un rituel pour le peu original : dans le premier cas, il récupérait dans notre appartement sa trottinette, son camion et son vélo qu'il mettait dans sa chambre, après quoi il s'enfermait dedans (parfois après nous avoir dit « salut ») et en général quelques minutes plus tard, l'odeur environnante ne laissait planer aucun doute : il avait fait caca. Dans le deuxième cas, souvent avec l'heure du coucher imminente, il se réfugiait sous la grande table de la cuisine, bien à l'abri des regards, et bien installé sur son pot qu'il avait déplacé jusque-là (mais avec sa couche bien entendu), il fixait l'horloge du four en remplissant sa couche.

Sa nounou nous avait confié qu'elle avait essayé de l'y initier avant le confinement, et qu'il n'était pas vraisemblablement très à l'aise avec son corps. Des trois enfants qu'elle gardait, c'était sans doute celui qui semblait le plus pudique, ne supportant pas d'être tout nu. Elle nous avait rassurés : « Il vaut mieux ne pas le forcer pour ça, ça finira bien par venir un moment ou un autre » (avant sa rentrée en maternelle, espérons...)

Il faut savoir que la propreté chez votre enfant est régulièrement parmi d'autres un sujet qui agace. Et si l'on est fier de dire que « oui, le nôtre est allé assez tôt sur le pot », c'est plutôt le contraire lorsque ce n'est pas le cas (genre nous). Mais pour une fois, tous les spécialistes sont (pour une fois) tous d'accord sur cette question : beaucoup de choses peuvent s'apprendre, mais pas la propreté. Vers ses 2 ans, on peut commencer à lui mettre un pot DANS SA CHAMBRE (et non pas dans le salon face aux yeux de tous... Lui aussi a besoin d'intimité, un peu comme vous, vous n'appréciez pas qu'il ne vous lâche pas du regard quand il a la curiosité de vous observer sur le trône ? C'est pareil pour lui, et ce même s'il ne s'en rend pas compte...). C'est à partir de ce moment-là qu'il va finir par comprendre l'existence de ses organes génitaux, et entre autres d'où sort l'urine et les excréments. Parfois, on aimerait bien que ça aille plus vite, mais pour ça il faut surtout essayer de faire en sorte que la conversation avec votre bambin (qui découvre la parole) « ne tourne pas trop autour du pot ».

Une fois la prise de conscience du corps faite, ô surprise, il vous le demandera. Des témoignages qu'on a pu avoir autour de nous, il y a souvent un déclic, une action, un événement, quelque chose qui fait que du jour au lendemain, il envisage de devenir propre : l'arrivée d'un deuxième, un voyage, la visite de l'école maternelle, etc. Il est possible que cela ait lieu après une période durant laquelle les parents ont cessé d'évoquer le sujet. La pression entretenue à ce sujet ne fait probablement que retarder le jour J, car je le répète : il est le seul à pouvoir décider du moment où il sera prêt à être propre. Et le jour où vous direz : « Miracle ! Ça y est, il fait enfin dans son pot sans sa couche ! », ça méritera bien un apéro pour fêter ça, ainsi qu'un petit post sur vos réseaux sociaux (même s'il est conseillé d'attendre le 3e jour sans pot histoire d'être sûr que ce n'était pas un simple hasard).

Dans ce quotidien où tous les soirs on mettait des plombes à l'endormir (sans parler des siestes les après-midi), je crois que déprimé par ce confinement sans fin, certains matins, je tardais à le sortir, incapable de le déscotcher de ses dessins animés (sans déclencher d'interminables caprices où il se roulait par terre en refusant qu'on l'habille). Les *replays* : une dangereuse invention pour nos têtes blondes.

Je me rappelle à quel point c'était différent quarante ans plus tôt, où il n'y avait que six chaînes, et où seulement une ou deux diffusaient des dessins animés jusqu'à 9 heures... Les temps ont bien changé, et il y en a maintenant à profusion, à n'importe quelle heure du jour ou de la nuit, il y en a même certaines qui ne font que ça, sans parler du *replay*... Si jamais vous ne savez pas à quoi vous allez (probablement) avoir droit (si vous faites comme nous partie de ces mauvais parents qui tolèrent que leurs enfants regardent la télé), voici un aperçu de la tendance du moment :

- *Petit Ours brun*, ça a été le premier qu'il a découvert et vraiment apprécié. On s'en est vite mordu les doigts lorsque la nuit il se réveillait et réclamait à 3 heures du mat : « Veux Boa ! » Sans doute l'une des plus anciennes séries dans celles que je vous cite, vous suivrez donc les aventures d'un petit ours et de sa cousine (Grande Ours rousse). Certains thèmes sont souvent abordés de manière différente dans ces dessins animés. On aime ainsi la naïveté de ce petit être qui découvre la vie, qui s'amuse avec un crapaud (qui est mieux dehors que dedans) et fait de la peinture sur la camionnette de son père, mais aussi les chutes à vélo, les plus grands qui le repoussent... Ces histoires pourront se prolonger dans des livres si votre enfant accroche.

- *Simon Lapin*. Dans un genre complètement différent, on suit un lapin qui doit avoir 4 ou 5 ans, en permanence accompagné par son petit frère Gaspard (toujours au taquet pour suivre les péripéties de son aîné). Cette série (inspirée de livres initialement) évoque le même genre de thèmes que précédemment incluant la relation petit frère/grand frère, mais aussi avec ses amis de son âge ou ses grands-parents. On notera cependant que ce lapin apprécie souvent d'utiliser son expression préférée : « caca boudin ». Certains parents pourraient bloquer sur ce point (rassurez-vous, son premier gros mot il n'attendra pas la maternelle pour le dire, surtout si comme moi, vous jurez de manière trop régulière...)

- *Hé, Oua-Oua*. De loin ma favorite, et ce pour plusieurs raisons : déjà, car le personnage principal passe au second plan. Il s'agit ici de plusieurs enfants (ce sont des petits animaux donc d'origines différentes) réunis autour d'un chef scout, un chien nommé Oua-Oua. À chaque épisode, on le suivra pour découvrir de nouvelles choses, suite à quoi tous les participants gagnent un « badge » sur ce qu'ils ont appris de la journée. Ça parle de tout sur un ton léger, de la photo de groupe, de l'utilité d'un gland ou d'un épouvantail jusqu'au voyage dans le temps. Au-delà du côté pédagogique de ce dessin animé, il est drôle de voir que le héros, quelqu'un de très sage, ne fait qu'aboyer. Une voix off traduit ce qu'il dit, et ça donne vraiment quelque chose d'original et de plaisant à regarder.

- *Peppa Pig*. Un incontournable. C'est l'une des séries dont j'ai très tôt entendu parler autour de discussions de jeunes parents. J'ai eu quelques difficultés à accrocher pour plusieurs raisons (dont le fait que le papa soit atrocement mal rasé). Ici, vous suivez une famille de cochons incluant l'héroïne (une petite fille, Peppa, d'environ 8 ans), son petit frère Georges (d'environ 2 ans qui ne sait dire que le mot « dinosaure », comme sa peluche qu'il ne quitte jamais), leurs deux parents et grands-parents. Les thèmes sont assez variés et relativement originaux, se terminant souvent par cette maxime pouvant ressembler à : « Peppa adore sauter dans les flaques de boue, tout le monde adore sauter dans les flaques de boue. » L'une des spécificités de ce dessin animé est que vous le trouverez facilement dans la langue de Shakespeare, avec des phrases assez simplistes, ce qui permettra à vos charmants bambins de rapidement se familiariser (vite fait) à l'anglais.

- *Sam le pompier* (chez certains, ça sera plutôt son grand concurrent *Pat Patrouille* que je ne connais pas vraiment) : des histoires autour de la vie de pompiers et d'une caserne. Ça part souvent d'un gamin alias mister Connerie (j'ai nommé « Nicolas Prime »), le genre qu'on déteste, qui ment ouvertement, de mauvaise foi, et qui d'un épisode sur l'autre est régulièrement la cause du sinistre. Arrive alors Sam, Elvis, Julie et le chien Radar dans leur camion de pompier, sirène hurlante, pour sauver tout le monde et éteindre les incendies lorsqu'il y en a (et rassurez-vous, ça se termine toujours bien). Très pédagogique sur les petits accidents du quotidien et heureusement saupoudré d'un peu d'humour, Léon était devenu littéralement fan de cet univers et adorait prolonger ses histoires dans les livres et puzzles sur le même thème, avec une grande préférence pour Julie (allez savoir pourquoi). Lorsqu'Okoo (la chaîne de *replay* où tous ces épisodes étaient diffusés) a décidé de les retirer de leur catalogue, je peux vous dire qu'on était contents d'avoir eu la bonne idée d'en avoir en DVD à la maison, sans quoi ça aurait été le drame.

- *T'choupi*, à ce jour le petit dernier auquel il a succombé. On suit cette fois-ci un enfant dans ses premières années à la maternelle. Avec ses amis, encadré par un surveillant appelé Medhi, il découvre les joies et les peines de la vie en collectivité.

Il y a bien sûr d'autres séries disponibles sur le *replay* d'Okoo (incluant *Les Mystérieuses cités d'or*, si, si, sauf qu'ils ont trouvé judicieux de ne mettre que quelques épisodes par-ci par-là, sans suite logique... Sérieusement ?), qui seront probablement différentes lorsque vous lirez ce livre. Cependant, si vous (enfin, c'est mon cas en tout cas) auriez apprécié que nos enfants grandissent avec les mêmes dessins animés que nous à leur âge (avec des héros comme Donald

Duck, Mickey ou Dingo, plus tard Olive et Tom, Jeanne et Serge et bien sûr les chevaliers du zodiaque, ou bien Winnie l'Ourson en marionnettes animées, présenté le samedi soir par Jean Rochefort, avant une chanson en karaoké puis Zorro en noir et blanc), eh bien, oubliez cette idée.

Vous vous souvenez de nos parents qui nous parlaient de Nicolas et Pimprenelle, du marchand de sable tout ça ? Ça ne vous plaisait pas, hein (surtout que ce n'était pas encore colorisé...). Eh bien ce sera pareil pour votre gamin. Qui en plus, dès son plus jeune âge, sera habitué à avoir à sa disposition pléthore de contenus. C'est ainsi, c'est la vie.

« Pas d'écran avant 3 ans » (paraît-il). On avait bien merdé là-dessus, vous avez pu le constater. On en était largement conscients, comme beaucoup de familles modernes, je suppose. Le plus terrible, je crois, c'était qu'une fois qu'on lui avait fait mettre le doigt dans cet engrenage, il était plus compliqué (pour ne pas dire impossible) de l'en ressortir indemne : lui faire le lâcher pour jouer avec ses voitures, parfois ça marchait, mais d'autres fois c'était plus dur. Il fallait vraiment le stimuler pour faire d'autres activités (comme cuisiner, dessiner, faire un jeu de société), mais ça ne fonctionnait malheureusement pas à tous les coups. Je restais admiratif devant ces familles autour de moi où les écrans (incluant l'ordinateur, la tablette ou le smartphone), c'était rien, voire éventuellement trente minutes uniquement le samedi matin. La télévision était à mon humble avis un facteur pouvant faciliter l'insertion sociale d'un membre au sein d'un groupe (j'ai le douloureux souvenir de m'être senti si seul à ne pas pouvoir débriefer de *Pas de pitié pour les croissants*, qui était diffusé tous les dimanches matin, que mes parents m'avaient interdit, estimant que c'était bien trop débile), et ce même si ça pouvait rapidement devenir une addiction.

Le summum (c'est du vécu) restera quand il y a un épisode de *Peppa Pig* qui passe sur le petit écran, mais que votre enfant s'en fiche, car il regarde sur le smartphone qu'il vous a chipé une vidéo YouTube... d'un autre épisode de la même série. Absurde ? Certes. Mais je vais vous faire une confidence : lorsqu'on est parent à cet âge-là, on doit très souvent s'asseoir sur une certaine forme de logique...

Le confinement était toujours là. Interminable. Jusqu'à quand ? On l'ignorait. Alors en attendant, on passait le temps, en essayant que ce soit « le moins possible » derrière un écran.

Dans les observations quotidiennes qu'on avait pu faire des différents éléments du jardin de notre copropriété, il y avait cette coccinelle, qu'on avait entourée de trois petites perles de couleur. Ça lui faisait un genre de tombeau. Elle était morte (probablement depuis des semaines), il ne restait plus qu'une carapace vide.

— Elle fait dodo ? m'avait demandé Léon.

— Oui, lui avais-je menti.

— Elle fait beaucoup dodo.

— Oui...

Encore un sujet qu'il faudrait aborder avec lui, un jour. Mais pas maintenant.

Chapitre 10 : Déconfinement

2 ans et 2 mois.

Je ne sais plus, après le premier *déconfinement*, lequel de nous deux avait été le plus content de retrouver l'assistante maternelle. Bon OK, j'avoue, c'était sans doute moi le plus heureux des deux, en papa indigne que je suis. Les retrouvailles avaient commencé par de longues tirades dans le couloir, le temps que la timidité retombe, qu'il se souvienne, la réapprivoise et inversement. Il était ravi de lui montrer à quel point il causait bien désormais, et surtout de la mettre au courant des dernières choses qu'il avait faites la veille :

— Léon il court, Léon il court, le pigeon, envolé !

Enfin, on recouvrait la liberté, et lui, la sociabilité, le fait de jouer avec des petits enfants, d'être encadré par quelqu'un dont c'était le métier que de s'en occuper tous les jours, quelqu'un qui savait bien mieux que nous le faire grandir au quotidien. Nous aussi, nous avions pu, brièvement, retrouver nos collègues. Quel bonheur de pouvoir ressortir, faire du sport, boire un verre au bar ! On se disait que ça serait de l'histoire ancienne. Si seulement…

Tous les soirs à 20 heures, Léon venait nous chercher pour « aller faire bravo » : pour applaudir (comme beaucoup de Français) le personnel hospitalier de notre balcon (qui avait fait un travail admirable durant cette triste période). Certaines fois, on avait même pu les voir sortir de l'hôpital dont nous étions voisins : ils avaient reçu de véritables ovations ces soirs-là. Enfin on retrouvait un peu de communion, qui nous avait manqué tout ce temps-là. Notre fils savait désormais compter jusqu'à 20, récitait l'alphabet quasiment en entier, et il était capable de reconnaître tous les chiffres. Quelques assimilations étaient marrantes, comme le fait qu'à chaque fois qu'il voyait la lettre Q ou le nombre 10 dans la rue ou ailleurs, il s'exclamait en le pointant du doigt : « C'est comme *Quotidien* » (une émission d'actualité à chaud qu'on regardait tous les jours, qui passait sur la 10e chaîne de la TNT).

Un peu plus tard, on s'était rendu compte de la trop grande addiction qu'il avait à nos smartphones, et Candycrush, auquel on jouait avec lui (enfin surtout en lui montrant les combinaisons à faire). En effet, il avait désigné le chiffre « 0 » en bas du pavé numérique de l'ascenseur et avait annoncé : « Zéro ! C'est comme quand on a plus de vie ? » Hum. Quoi ? Pourquoi dit-il ça ? On ne sait pas, on l'ignore... Les écrans ? Sûrement pas. Pas chez nous, pas avant 3 ans…

Mais ce n'était pas le seul moment où l'on s'était sentis honteux. J'ai le souvenir de ce matin, où il faisait le timide (le fait de se manger la main en passant devant des personnes que pourtant il connaissait bien) devant notre gardienne. Elle discutait avec une amie dans le hall du rez-de-chaussée tandis que j'amenais Léon chez son assmat. Tout à coup, il a crié haut et fort : « PUTAIN ! » avant qu'un sourire de fripouille ne vienne illuminer son visage, fier de sa bêtise. Autant vous l'avouer, je ne savais pas trop où me mettre... L'air étonné, j'avais fait le mec outré : « Mais voyons… Où donc a-t-il pu entendre quelqu'un prononcer ce mot ? » « C'est papa qui dit "putain" ! » avait-il répondu. Délateur va. J'avais fait genre « j'entends pas » et je l'avais pris dans les bras pour tracer face à cette délicate situation qui avait pourtant bien fait rire ma gardienne.

Mais si son langage évoluait chaque jour un peu plus, son sommeil était toujours aussi chaotique. Il y avait encore trop régulièrement en moyenne un réveil « biberon/canapé » par nuit. Parfois, ça se passait bien (du genre une fois son bib avalé il se rendormait direct) et d'autres fois c'était plus compliqué, lorsqu'il fallait lui dire que « non, on ne regarde pas *Simon Lapin* à 3 heures du mat, que la télé fait dodo, que c'est chiant là, que tu nous soûles... » On savait qu'en plus de ça, s'il venait d'ingurgiter son biberon, il était capable, à cause d'une crise de larmes ou un soudain caprice par rapport au fait qu'on ne faisait pas ce qu'il attendait de nous, de tout régurgiter (on l'avait vécu deux ou trois fois...). C'était donc compliqué pour nous, car il fallait rester stoïques et le calmer au plus vite, sous peine de faire l'opération « grand nettoyage », ce qui en plein milieu de la nuit n'est jamais attrayant. Mais que pouvions-nous y faire ? Pas grand-chose.

Pas mal de témoignages sur les forums parlaient d'enfants dans le même cas que nous au grand désespoir des parents, et le corps médical ne pouvait apporter aucune forme de réponse. On était juste conscients que le fait qu'il ait souvent besoin d'un biberon pour s'endormir n'était pas forcément une bonne chose, surtout qu'étant donné qu'il faisait ses siestes sans aucune aide chez l'assmat, on savait pertinemment qu'il n'en avait pas la nécessité.

Par appréhension du syndrome du biberon (il en avait encore 2 à 3 par jour, un au réveil, un pour le coucher et un autre pour le « petit dodo » des week-ends), sa mère veillait à lui laver quotidiennement les dents avec une brosse à dents Peppa Pig qu'il pouvait, une fois l'acte accompli, coller contre le mur grâce à sa ventouse autocollante.

Le syndrome du biberon, également appelé « carie du biberon » est directement rattaché à une surconsommation de sucres. En effet, certains enfants ont besoin de lait, mais ça peut être aussi un jus de fruits ou du sirop) pour se calmer en cas d'accès d'agitation, ou juste pour s'endormir. Sur une dent de lait, ce mélange détonant peut rapidement faire des ravages, car la couche d'émail protecteur est bien plus fine que pour un adulte.

Si le brossage est sans doute la meilleure solution pour lutter contre ça, éviter ce genre de consommation avant d'aller au lit en général est fortement recommandé, et ce même s'il faut en contrepartie déshabituer le cerveau de votre bambin à faire l'assimilation : sucre égal dodo (également appelé : « biberon doudou : je vais mal, je tétouille mon biberon et ça va mieux »). Les parents peuvent commencer à instiguer ce rituel à l'eau dès que la première dent est sortie, mais il est conseillé d'attendre les 2 ans pour intégrer un dentifrice sans fluor, idéalement dès lors que l'enfant est capable de recracher quelque chose de sa bouche. Si en plus vous le faites deux fois par jour, alors vous êtes un papa (ou une maman) parfait, et votre bambin a de la chance de vous avoir (chez vous aussi, c'est dur certains soirs ?).

Depuis ses 2 ans, il avait donc une pâte à dentifrice (qu'il adorait gober) sur sa brosse. Mais le plus fun pour lui était sans doute lorsqu'il devait cracher l'eau dans l'évier (ou dans la baignoire) en fin de session. Ça, c'était son moment.

Bon là, comme je vous le décris, ça avait l'air sympa, mais c'était quand même assez souvent un peu pénible, Léon faisant toujours tout pour fuir lorsqu'il savait que c'était l'heure : « Attends, j'ai pas fini » et autres « En fait, moi je [une excuse pour repousser le brossage à plus tard]. » Ces phrases faisaient partie de notre quotidien, et il y en avait deux à trois par soir en moyenne. Cependant, cette excellente habitude que sa mère veillait à ce qu'il respecte avait fait dire au médecin qu'il avait de très belles dents. C'était déjà ça de pris.

Quand je pense que je me disais bien naïvement que l'arrivée du langage permettrait de faciliter les choses, que grâce à ça qu'il serait capable d'exprimer ses maux, ses joies... C'était sans compter ce foutu Terrible Two. Il parlait de mieux en mieux et savait désormais dire : « Léon veut pas changer la couche », « Papa reste là » (quand il voulait être en tête à tête avec sa maman et que visiblement j'étais de trop), « Va dormir papa » (au moment du rituel du coucher... C'était parfois à se demander qui couchait qui), « Léon a pas chaud » (en retirant sa casquette), la version hiver : « Léon a pas froid » (en retirant son bonnet), et enfin « Léon veut pas faire dodo » (original), voire encore « Léon a fini de faire dodo » à 3 heures du mat. Car oui, à cet âge-là la notion du « je » était un peu compliquée, du coup son « je » il l'exprimait à travers la 3e personne. On lui pardonnera, on est tous passés par là (*poke* Alain Delon).

Quelques semaines après le *déconfinement*, j'avais pu observer les premiers jours du petit frère d'un des enfants de l'assmat, la seule fille du trio, de quelques mois la cadette de Léon. Alors que sa mère le berçait doucement, j'entendais ses bruits de nourrisson, vous savez, lorsque la voix n'est pas encore mature, ces cris parfois imperceptibles (ou pas) qui sont leur unique moyen de communiquer... Je me disais que j'étais malgré tout content de ne plus avoir à revivre ça, et que même si « oui c'est mignon tellement c'est minuscule et ça a l'air si frêle et sans défense », les souvenirs des coliques et les pleurs sans fin... Merci, mais non merci. Avoir un second enfant avec un premier de l'âge de Léon, mon pire cauchemar...

J'étais définitivement trop admiratif des parents qui faisaient ça. Si vous êtes dans ce cas : « Bravo à vous (et ce même si j'entends l'argument : comme ça, c'est fait, après on est débarrassés des couches...). »

Cette maman m'avait confié que cette seconde naissance (pendant le confinement donc) avait été assez compliquée, surtout au niveau de la présence du papa. Une fois son bébé né, il avait assisté à l'accouchement puis n'avait pas pu retourner lui rendre visite à l'hôpital mis à part pour aller la chercher le jour de sa sortie... Bonne ambiance. J'avais aussi vu passer des témoignages de femmes qui avaient dû être équipés de masque pendant qu'elles mettaient au monde leur enfant, quelle galère... Et quelle sale période en général !

Léon s'entendait particulièrement bien avec ses copains, chez l'assmat. Il y avait donc une fille presque de son âge, et un 3e un peu plus jeune, qu'on appellera Boris. Nous avions longtemps supposé que Léon était légèrement « hyperactif », à en juger par l'énergie qu'il avait le soir à sauter sur notre lit, sans parler des nuits relativement courtes qu'il faisait. Mais sa nounou nous avait rassurés sur ce sujet, convaincue que ce n'était pas le cas, mais ça avait été en voyant de mes propres yeux ce qu'était un enfant « soupçonné d'être » hyperactif que j'avais mieux compris à quoi ça ressemblait. Les parents du petit Boris, un couple très sympathique, avaient décidé de plaquer la vie parisienne et d'investir (à la suite du confinement) dans une maison en bord de mer. Ce soir-là, nous trinquions avec sa maman une dernière fois, ravis de pouvoir enfin manger de nouveau en terrasse. Leurs deux enfants étaient présents, Boris ainsi que son grand frère, lesquels entraînaient gentiment Léon à courir entre les tables (ce n'était pas bien, mais bon, on avait un œil sur eux malgré tout). Et puis tout à coup, Boris avait disparu des écrans radars.

Sa mère s'était levée pour aller le chercher, le petit coquin était parti visiter l'intérieur du restaurant qui était à une dizaine de mètres de là. Elle était revenue en le portant, mais vraisemblablement, il n'avait l'air que moyennement content qu'on l'ait interrompu dans son exploration, et il n'était pas resté bien longtemps prisonnier. Tel un serpent, il était parvenu en glissant des bras de sa maman à s'en échapper, et avait rapidement réussi à retourner immédiatement là où sa mère, en plein désarroi, l'avait rattrapé quelques minutes plus tôt. Elle s'était alors levée pour aller à nouveau le chercher.

Mais ça avait pris un moment anormalement long, avant qu'ils ne réapparaissent. Lorsque 5 minutes plus tard la maman était revenue, elle tenait son petit Boris dans les bras, en pleurs, avec un sac de glace sur le front : il avait malencontreusement dévalé la tête la première les escaliers menant aux cuisines... Ça avait été à ce moment précis qu'on avait compris que contrairement à ce qu'on avait en tête, Léon n'était pas du tout ce qu'on pourrait désigner comme un « hyperactif ». Une chance (rassurez-vous, il n'y a pas eu de séquelles à cause de cette chute, si ce n'est que le repas a été écourté, face au trop-plein d'émotions de la mère, seule pour gérer ça), car il n'est visiblement pas tous les jours facile d'avoir à gérer un bambin ayant ce genre de particularité.

Le Trouble Déficit de l'Attention/Hyperactivité (ou TDAH), qu'on appelle à tort « hyperactivité » touche environ 3 à 5 % des enfants. On ne sait pas d'où ça peut venir et si les symptômes ressemblent au trouble de l'anxiété, de la dépression, de l'autisme, de la maltraitance ou de la précocité intellectuelle, le plus dur dans l'affaire c'est de le détecter, car il n'y a aucun signe neurologique ou physique lié. Et pour ce qui est de l'attention, en général il compliqué de réussir à garder un bambin captivé sur une activité pendant plus d'une quinzaine de minutes.

Enfin, jusqu'à l'âge de 4 ans, c'est normal qu'ils bougent beaucoup, d'où l'intérêt de les faire se dépenser physiquement dès qu'ils le peuvent. C'est d'ailleurs à cet âge-là et pas avant qu'il sera possible de poser un diagnostic de trouble déficitaire de l'attention, les premiers signes apparaissent souvent au début de l'école. Le Pr Daniel Bailly, pédopsychiatre, rappelle : « Un enfant qui présente un comportement agité à certains moments de la journée et dans un contexte scolaire alors qu'il est calme à la maison n'est pas hyperactif. L'hyperactivité, c'est tout le temps et partout ».

Notre bambin les appréciait bien, le petit Boris et sa copine de la nounou. On avait supposé qu'ils avaient été tous les deux un peu attristés lorsqu'on leur avait expliqué que ce serait la dernière fois qu'ils le voyaient (ou peut-être qu'ils ne comprenaient pas vraiment, mais que ça soulevait en nous, adultes, des souvenirs douloureux de séparation ?). C'était avec lui que son assmat lui avait appris des chansons que Léon nous chantait : *Bateau sur l'eau*, *Ah les crocodiles* et *Promenons-nous dans les bois*. C'était craquant au possible (surtout pour le papa musicien que j'étais) quand il nous les fredonnait (même s'il manquait parfois la moitié des paroles) et il parvenait presque à nous faire oublier les journées parfois dures qu'il nous imposait.

Après ce ralentissement de l'activité professionnelle, l'été arrivait à grands pas, avec toutes les incertitudes du moment (est-ce que ce foutu virus non éradiqué nous empêcherait de pleinement profiter des loisirs nautiques de la mer ?). Après avoir longuement réfléchi, cette année on allait éviter de nous entasser sur des plages vendéennes ou bretonnes où il serait compliqué (pour ne pas dire impossible) d'appliquer les distances de sécurité. Nous avions finalement décidé de planifier nos vacances à la montagne, dans une grande maison en pierre en Auvergne, avec un énorme jardin et une vue à vous couper le souffle. Idéalement située, on s'imaginait déjà pouvoir rayonner dans les environs (afin de faire le plein de saint-nectaire accompagné d'un petit rosé, ça sentait le début du bonheur).

Mais les derniers voyages en voiture du mois de juin pour aller rendre visite à nos familles (qui nous avaient tant manqué depuis mars) s'étaient assez mal passés avec des vomis à la clé, et ce malgré les distances pourtant plutôt courtes par rapport à ce qui nous attendait cet été. Si idéalement le fait de rouler pendant la sieste l'empêchait d'être malade, c'était pour autant dire impossible de le faire dormir 5 h 30 de suite (sauf en roulant de nuit, ce qui était compliqué pour l'aller). Un pharmacien nous avait proposé d'essayer un sirop, le NausiCalm (pour enfants), le seul médicament efficace selon lui, permettant d'agir sur le trouble de l'oreille interne à la base de ce problème. Pas d'homéopathie, vu qu'il n'était pas très fan (ce qui nous faisait un point commun), il nous avait parlé également sans en être super convaincu des bracelets anti-nausées.

Petits conseils d'après nos expériences, si votre enfant a le mal des transports (vous n'y êtes sûrement pas pour rien, l'un des deux parents a dû l'être durant sa jeunesse) :
- *donnez-lui du sirop au moins quinze minutes avant (ça a quand même donné quelques résultats positifs, surtout pour des longs déplacements, ça pourra le faire somnoler, voire plus en fonction de l'heure) ;*

- *oubliez le biberon juste avant de partir (donc minimum trois heures), ça peut l'endormir, mais c'est vraiment quitte ou double ;*
- *il est préférable qu'il n'ait pas le ventre vide pour autant ;*
- *s'il réclame à manger, il ne faut pas donner d'aliments gras (genre une viennoiserie) ou des laitages, mais plutôt quelque chose de sec ;*
- *et impérativement... évitez de le laisser jouer avec le téléphone (et contempler ses photos). Si ça marche à la maison, le fait qu'il fixe son regard sur autre chose que l'extérieur ne fera qu'amplifier ses maux, parole d'un adulte malade en transport s'il a le malheur de sortir son smartphone pour le distraire.*

Idéalement, l'idée est de l'habituer à la voiture en faisant des petits trajets en roulant autour de chez vous, et en augmentant les distances au fur et à mesure, il finira par s'y faire (en théorie).

Enfin, si rien de tout ça ne fonctionne, n'oubliez pas de vous équiper de :
- *beaucoup de patience ;*
- *des rouleaux de Sopalin (pour essuyer les dégâts) et des sacs en plastique ou spécialement pour l'occasion : « des sacs vomitoires » (trouvables sur Internet), si jamais vous réussissez à les dégainer assez tôt, ça peut vous permettre de gagner du temps ;*
- *des vêtements de rechange pour lui à portée (et accessoirement pour vous) ;*

-   *au moins une bouteille d'eau (pour vos fringues, pour les jets sur le siège et pour nettoyer par terre, s'il termine sa petite affaire une fois sorti...) ;*
-   *de langes (ça peut vous éviter la grosse catastrophe si vous arrivez à contenir le flux dedans) ou de sacs à vomi cartonnés ;*
-   *et si c'est trop tard, d'un bon spray désodorisant super efficace.*

Certes, vous étiez contents d'avoir un nouveau bolide sentant le neuf, essayez de relativiser et dites-vous que c'est un baptême. Ce n'est jamais évident, hein, mais... il y a bien pire comme truc chiant dans la vie : un dégât des eaux, la foudre sur votre toiture qui fait brûler votre maison, un mortel accident de voiture, une maladie incurable, un attentat... Non, vraiment, un peu de vomi ce n'est pas grave. Et puis ça arrivera encore sûrement plus d'une fois, avant qu'il ne soit en âge de maîtriser ses pulsions, alors habituez-vous-y dès maintenant, vous gagnerez du temps.

Je dis ça, mais nous, malgré le sirop, le plus dur c'était sans aucun doute ses *chouinements* incessants, car il « appréhendait » de vomir, ce qui nous rendait dingues. Et là, à part un bon psy (pour lui ET pour nous), les médocs ne pouvaient plus faire grand-chose.

Le langage, qui avait fait évoluer nos rapports, n'arrangeait pas les choses, si ce n'est que maintenant il pouvait mettre des mots sur ses mauvais souvenirs : « Hier, Léon a pris la voiture, a vomi dedans ! » Parfois même, il ponctuait cette phrase d'un : « Léon, quand il était petit (deux semaines plus tôt donc) il a vomi dans la voiture. »

S'il n'y avait que ça... Mais non. En plus de cette appréhension, une fois que sa mère avait fait le tour des distractions possibles à l'arrière (incluant le fait de lui raconter des histoires, qu'elle se cache sous une couverture, que l'on compte les nombres ou qu'on lui fasse réciter l'alphabet, qu'il observe le décor dehors ou qu'on lui mette des chansons), il décidait soudain qu'il voulait descendre de son siège auto, car il en avait ras le bol d'être assis. Voilà. Sur l'autoroute, c'était plus que compliqué, sans parler de « OK, on s'arrête, mais une fois la pause terminée, tu sais qu'il faudra remonter juste après ? Non parce qu'on ne pourra pas faire les 345 kilomètres à pied ou en poussette... » Il s'ensuivait l'emballement, la crise de colère, puis les pleurs, et enfin le vomi. Après quoi, souvent il s'endormait. Voilà. On le savait, c'était comme ça qu'il marchait.

Et même si l'on se forçait (parfois en vain) à relativiser, qu'il ait bu son sirop ou pas, mis à part si la téléportation faisait d'immenses progrès d'ici les prochaines années (fait statiquement peu probable), on était conscients qu'il risquait neuf fois sur dix de vomir à chacun de nos voyages en voiture. Tant pis.

C'était comme ça.

C'était chiant, mais pas grave.

Mais c'était chiant (bon, vous avez compris l'idée...).

Chapitre 11 : Vacances auvergnates

2 ans et 5 mois.

Face à une vue imprenable sur les volcans endormis d'Auvergne, je savourais mon petit déjeuner, me remémorant les quatre heures et demie de route de la veille. Étonnamment,

Léon n'avait pas été malade. Les deux premières heures, il avait dormi, sans doute grâce à l'effet bénéfique du NausiCalm, après quoi nous avions fait une grande pause pour le repas du midi. La seconde partie du voyage avait été un peu plus compliquée, tout particulièrement les quinze dernières minutes où il était assez impatient d'arriver (comprenez qu'il hurlait « veux descendre » à tout-va). Au bout de la petite route, un minuscule chemin, une grande bâtisse en pierre nous attendait. L'annonce ne mentait pas, le cadre était vraiment idyllique, loin du bruit des ambulances lié à la proximité de l'hôpital de notre immeuble, ou de la valse nocturne des scooters Uber et Deliveroo.

En sirotant mon café, j'observais Léon en train de s'amuser sur la terrasse, m'enivrant de ce paysage à vous couper le souffle. Enfin, nous étions en vacances.

Nous avions acheté la draisienne de mon fils il y a plusieurs mois de cela, et même s'il se l'était rapidement appropriée, il avait mis du temps à réussir à en faire convenablement. Le déclic était venu quelques jours avant le départ, une chance. Ses progrès quotidiens étaient incroyables, et il semblait lui aussi apprécier la résidence où nous allions rester deux semaines.

Après mon saut en parachute (mon cadeau pour mes 40 ans), nous n'avions qu'une hâte, c'était de rayonner en voiture pour visiter cette belle région d'Auvergne, et déguster le saint-nectaire local (entre autres).

Le matin de notre première excursion, il avait fallu moins de dix minutes (certes, durant lesquelles il y avait eu quelques virages) pour que Léon se mette à vomir : c'était le temps minimum pour atteindre Issoire, la première « grosse ville » à proximité. Le trajet étant théoriquement inférieur d'un quart d'heure, nous avions volontairement évité le NausiCalm, qui avait tendance à le faire somnoler, et qu'on lui réservait surtout pour les grandes distances. Autant vous dire que lorsqu'on avait vu ça, on avait été assez blasés... Nous avions donc dû changer notre planning de visites de la région, mais finalement pour profiter plus amplement du repos offert par les lieux. En effet, chaque voyage en voiture allait devenir une immense source de stress pour lui et pour nous, et très souvent, il commençait même à pleurer « avant » de monter dedans... Vous imaginez.

Nous avions malgré tout un peu forcé les choses durant la quinzaine en nous rendant dans la ville de Montpeyroux, réputée pour être l'un des plus beaux villages de France, et qui avait également une ferme « pédagogique » : c'est par ça qu'on commencerait notre visite. On avait pris le nécessaire pour le cas où il serait malade, et avec un peu d'appréhension, quelques larmes et un vomito évité de justesse, nous avions pu faire la demi-heure de route sans souci pour aller découvrir de nouveaux animaux.

Ce n'était pas la première fois qu'il voyait des animaux rares en région parisienne, mais c'était une première pour lui de pouvoir les nourrir, grâce au seau de petits croutons de pain qu'on avait acheté à l'entrée. Il avait ainsi pu admirer des chèvres, des moutons, des poules et des lapins. Seule la balade en poney était interdite, merci la Covid qui planait encore sur le pays. Mais ce qu'il avait préféré (à notre grand désespoir), ça avait sans doute été la cage où étaient les pigeons, qu'il avait l'habitude de courser dans sa contrée natale. Peut-être cela lui manquait-il ?

La visite, vraiment idéale pour les jeunes enfants (et qu'on vous recommande si vous êtes dans le coin), aurait pu être parfaite si les organisateurs ne s'étaient pas dit : « Tiens, et si l'on mettait un espace jeux avec des vélos, draisiennes et autres structures gonflables à la sortie du parc ? Comme ça, les mioches ne voudront jamais partir ! AH AH (rire sadique) » et rendront fous leurs parents... Excellente idée, en effet, et le concept n'avait pas échappé à Léon, qui avait soudain estimé qu'il passerait le restant de sa vie dans cet endroit magique. On l'avait laissé s'amuser quelques minutes, après quoi nous lui avions gentiment expliqué qu'il était temps de quitter les lieux. Une fois, deux fois, trois fois, mais ça ne l'intéressait pas. J'ai le souvenir d'une photo où ma femme le porte, et où il ne lâche pas sa petite moto en plastique… Si avec le recul ce cliché pourrait faire sourire, croyez-moi, sur le moment on ne rigolait pas, et lui non plus. Cet intermède allait nous plomber le reste de la matinée, ou presque.

Après l'avoir récupéré en pleurs, refusant de monter dans sa poussette (mais repoussant les bras), courant jusqu'aux jeux dès qu'on le posait par terre, on avait réussi à s'éloigner suffisamment de la ferme pour qu'il n'y retourne plus. Comme trop souvent, il s'était enfermé dans sa bulle de négativisme où toute réponse à nos questions : « Tu as soif ? Un gâteau ? Tu marches ? » étaient des « non, veux pas » Non. Il boudait. Et pas qu'un peu. Seul un repas suivi d'une balade en poussette avait fini par le calmer puis par l'endormir. Sa maman avait accompli l'exploit de le déplacer dans son siège auto (puis dans son lit) sans le réveiller, c'était donc moins stressés que nous avions pu rentrer chez nous, et profiter d'un après-midi plus tranquille.

S'il y avait bien une chose que j'avais retenue dans l'évolution de notre petit Léon, c'était que ce qui avait été facile un jour pouvait rapidement devenir une plaie le lendemain. On avait encore de nombreuses vidéos sur nos smartphones où on le voyait barboter des heures durant dans son bain, et d'autres où il chantait : « bibandi, bibandou » (on n'a jamais su d'où ça venait, mais il fredonnait ça à s'en casser la voix), le pommeau de douche à la main : en général, c'était notre demi-heure de tranquillité de la journée (et ce même si niveau consommation d'eau, on plaidait coupable...).

Et puis du jour au lendemain, il avait décidé qu'il détesterait dorénavant se laver, et qu'à chaque fois il hurlerait, avant, pendant, et de temps en temps il continuait après. Forcément, il avait fallu que ça commence sur notre lieu de villégiature... Quand on lui annonçait : « ce soir, c'est la douche », régulièrement il demandait : « pas les cheveux ? » et si on lui disait si, il insistait : « mais pas les yeux ? » Du genre, on faisait « exprès » de lui laver les yeux (non)...

Mais parfois, la mousse du shampoing coulait sur son visage... En plus, on lui expliquait pourtant bien ce qu'il fallait faire : « Léon, tu es un petit garçon intelligent, si tu ne veux pas que ça te pique (même si évidemment on avait acheté des shampoings n'étant pas censés piquer les yeux, hein...), il faut que tu gardes bien la tête en arrière ! », mais trop en stress que ça lui arrive, il ne respectait rien et hurlait : « non, veux pas ! » Rares étaient les sessions de douche qui se déroulaient bien, et cette source d'angoisse tous les deux jours n'était pas très reposante. Mais du coup, on avait fini par rattraper nos dépenses d'eau, car ce qui durait des heures par le passé ne dépassait désormais pas quelques minutes. Et l'on méritait d'autant plus nos apéros, le soir.

Rapidement, nous avions tous trouvé notre rythme dans cette grande maison. Le matin, lorsqu'il émergeait aux alentours de 6 heures (ça, ça n'avait pas changé à la longue...), Léon regardait des dessins animés sur l'ordinateur portable sous la surveillance bienveillante de sa maman, après quoi ils allaient tous les deux se promener dans les environs, tantôt voir les vaches, tantôt les moutons. Puis une fois que j'étais réveillé et que j'avais pris mon café, nous nous rendions dans une base nautique à quelques minutes de voiture, où nous faisions une grande balade autour du lac. Certains jours, il était de bon poil, et acceptait de marcher à nos côtés, mais très (trop ?) souvent il réclamait les bras (épuisant ? sans blague... c'est qu'il commençait à peser, en plus, le bestiau).

Il essayait aussi de jouer au ping-pong avec nous, mais le match s'arrêtait assez vite (dès lors qu'il avait fini de lancer la balle). Puis nous déjeunions sur la terrasse, après quoi on s'enfermait dans la fraîcheur de la maison en pierre, et tandis qu'il faisait sa sieste, je bossais sur l'ordinateur. Puis l'après-midi, quand il faisait un peu moins chaud, il barbotait dans sa petite piscine, où il nous observait en train de faire du badminton (et participait activement, la raquette à la main, tentant de faire comme nous) ou bien il nous accompagnait pour une partie de Mölkky (ce jeu où il faut faire tomber des quilles avec un lanceur, sauf que lui utilisait la main pour y parvenir, le petit malin...).

Je lui faisais découvrir les petites pépites de la pleine nature : les fourmis qui se régalaient des guêpes trop nombreuses dont on se débarrassait, le bruit du vent dans les arbres, les vaches qu'on allait voir le soir après dîner, et les étoiles lorsque la nuit arrivait et qu'il était temps pour lui d'aller dormir. Le bonheur était total. On crevait tellement d'envie de plaquer la ville pour aller vivre à la campagne...

Le dernier jour de notre séjour, sous une canicule naissante, nous avions décidé le matin d'aller faire trempette dans le lac voisin, à un emplacement de faible profondeur permettant à Léon d'avoir pied. Au début, il avait rechigné, mais s'en était rapidement accommodé. Il barbotait paisiblement, et tout le monde profitait du moment en observant les gens qui se baignaient autour de nous. Et puis, tout s'était passé incroyablement vite. Sa maman avait tourné la tête, moi aussi, je ne sais plus ce qu'on regardait au loin. Cela n'avait duré qu'une seconde, peut-être deux, et alors qu'il avait de l'eau jusqu'au niveau du nombril, Léon avait disparu soudainement... Il avait glissé. C'était sa mère qui l'avait vu en premier en train de boire la tasse, et elle l'en avait immédiatement ressorti en pleurs, choquée comme moi qu'un incident dans ce genre se soit passé si vite. Certes, ce jour-là il y avait eu plus de peur que de mal et il s'était rapidement calmé, mais sincèrement, on n'avait pas fait les fiers. J'imagine que c'est avec ce genre d'expériences qu'on tend à être plus prudent par la suite.

Durant ces deux semaines, Léon avait fait d'incroyables progrès en matière de langage, et parfois il nous disait des phrases surprenantes telles que : « Léon rentre tout seul à la maison, salut ! », et il avait pris la poudre d'escampette, son grand bâton à la main... Ah là là, ces vacances, qu'est-ce qu'on était bien... Clairement, on n'avait pas envie qu'elles s'arrêtent. Mais le soir venu sonnerait l'heure du retour au bercail, dans notre immeuble entouré de ce béton parisien brûlant. C'est qu'on avait rapidement fini par s'habituer à toutes ces petites choses, à cette nature omniprésente, incluant cette balade qu'on se faisait après dîner en longeant les champs environnants, où nous pouvions tranquillement aller voir les vaches qui broutaient au loin, sans aucun bruit ou odeur de pots d'échappement.

Pour s'éviter le stress d'un voyage où l'on appréhenderait qu'il vomisse, on avait pris la décision de rouler de nuit, en espérant qu'il commence sa nuit de la sorte. Comme à l'accoutumée, on avait tout fait dans l'ordre : repas solide une heure avant, une ultime promenade après avoir chargé la voiture, histoire de le détendre, puis le NausiCalm quinze minutes avant, et enfin, le départ. Au bout de dix minutes, il s'était endormi. *Ouf.* Cependant, par peur de le sortir de son sommeil (je savais que les vibrations du moteur le berçaient), je m'étais enquillé d'une traite les quatre heures et demie de route, accompagné la plupart du temps par un orage de pluie qui semblait s'être greffé à nous (il y a plus reposant comme climat, pour rouler de nuit...). Au fur et à mesure que nous nous rapprochions de la capitale, je voyais la température extérieure monter, pour atteindre 30 °C lorsque nous avions fini par arriver à destination, à minuit, peu de temps après qu'il ne se réveille.

On n'était pas pressés de rentrer. Vraiment pas. Certes, il y avait notre confort, nos habitudes, la 4G partout, Léon retrouverait le parc, la balançoire pour petits et les canards...

Mais pour ma part, je savais que les prochains jours, en attendant que son assistante maternelle préférée ne revienne de congés, j'allais devoir m'en occuper solo, comme la semaine qui avait précédé ces chouettes vacances. Et que dire le soir, lorsqu'il nous demandait innocemment après avoir dîné :

— On va voir les moutons ?

— Non, mon petit loup, ils sont loin, loin, loin... Et crois-moi, papa et maman ils aimeraient bien les revoir... Sinon, tu peux toujours les compter dans ta tête, peut-être que ça te fera dormir (non).

Le retour chez l'assistante maternelle (qui rimait aussi avec la reprise du travail pour moi, après une longue période de chômage partiel) ne fut pas si simple que ça. D'une part, car il allait une fois de plus devoir bouleverser son quotidien qu'il semblait apprécier depuis bientôt un mois (ça n'avait pas raté, la veille de sa rentrée, il avait fait une terreur nocturne, une manière pour lui d'exposer son mécontentement). D'autre part, car il allait être seul avec sa nounou encore quelques semaines.

Ça allait être la nouveauté de 2020 : les pleurs aléatoires, au moment d'aller chez son assmat, souvent introduits par des pensées et des phrases négatives telles que : « Léon veut rester là » ou « Léon veut pas y aller ». Ça pouvait également rapidement partir en sucette dès lors qu'il demandait « elle est où maman ? » Certes, sa mère télétravaillait pour une durée indéterminée et donc aurait pu l'amener à ma place, mais pour maintenir les bonnes habitudes et en attendant le retour à « la vie d'avant », elle allait se balader le matin au moment où je l'emmenais. Pour avoir fait le test quelques fois, les séparations sur le pas de la porte de l'assmat étaient toujours moins compliquées lorsque c'était moi qui m'en chargeais, bizarrement.

De ce fait, quand Léon me demandait où elle était, je lui rétorquais avec beaucoup de patience et de douceur : « elle est au travail », mais lorsqu'il disait « veux lui faire un bisou » ou « Léon a oublié de lui faire un câlin » (ce qui était faux), je savais que dans la minute suivante il allait se mettre à pleurer, et qu'il ne s'arrêterait pas. *Youpi.*

En cette fin du mois d'août, on s'était tous réhabitués petit à petit à ce rythme quotidien, et tout avait gentiment recommencé à ressembler au « monde d'avant ». Les vacances étaient bel et bien finies, j'avais repris les entraînements de sport, et je crois surtout que je n'avais jamais été aussi content de retourner bosser qu'à ce moment-là.

Chapitre 12 : À bout

2 ans et 6 mois.

Ce chapitre est intemporel, et j'aurais probablement pu l'intercaler n'importe où dans ce livre, mais il était nécessaire que j'évoque ce sujet : comment gérer la situation, lorsqu'on est à bout, à deux doigts de craquer ? Cette situation a eu lieu tellement de fois qu'il fallait que j'en parle. Peut-être qu'elle a eu sûrement lieu moins souvent que chez d'autres familles, mais suffisamment pour que ça plombe assez régulièrement notre quotidien.

Je plaisante régulièrement dans ce témoignage avec le fait qu'on abusait des apéros depuis qu'on était parents (alors qu'en fait c'est faux, on picolait déjà avant, mais toujours avec modération bien sûr). Évidemment que je ne recommande pas l'alcool pour faire oublier ces épisodes légèrement agaçants de la vie de tous les jours, et ce même si ça nous permettait parfois de décompresser, car on en avait besoin. La vérité, c'est que nous avions souvent regretté de ne pas avoir de famille ou d'amis assez proches de nous, à qui on aurait pu confier notre loulou un après-midi, un soir, un week-end, ou peut-être un peu plus, histoire de souffler ou juste de réussir à faire des nuits complètes, parce qu'il nous est arrivé plus d'une fois d'en avoir vraiment ras le cul. Mais voilà, on n'en avait pas. Donc on devait assumer, et vivre avec ça.

En réalité, c'étaient plus des successions de moments compliqués à passer, d'autant plus durs à gérer lorsque la fatigue était devenue quasi omniprésente. Pour imager mes propos, voici quelques exemples de situations parmi tant d'autres, dont j'ai à peine noirci le trait :

- Situation 1

Un matin de confinement, j'étais sorti faire une balade avec Léon, qui avait lourdement insisté pour prendre sa draisienne (un vélo sans pédales). Il en faisait de mieux en mieux, alors pourquoi pas, avec un peu de chance ça l'épuiserait et il dormirait plus facilement (non). Mais c'était un peu serré niveau timing, sachant que je n'avais qu'une heure devant moi. Le début s'est bien passé, et l'on est arrivés assez rapidement au parc (qui avait rouvert).

Mais après en avoir fait le tour, ma montre m'indiquant qu'il ne me restait plus qu'un quart d'heure de mon temps de sortie « autorisée », Léon avait décidé qu'il en avait assez d'être sur son vélo. Pourquoi pas, mais il ne voulait pas non plus marcher ; ce qui compliquait grandement les choses. Il n'avait plus qu'une idée en tête : que je le porte. Non sans avoir un œil sur l'heure, je l'avais sermonné, gentiment puis avec un peu plus d'agacement, en lui rappelant (pour la centième fois) que : « C'est soit la draisienne, soit tu rentres à pied et je la prends, mais tous les deux dans les bras, ce n'est pas possible. Tu le sais on en a déjà parlé. » Sauf qu'il s'en foutait royalement et qu'il continuait de dire : « les bras ! les bras ! », jusqu'au point de non-retour où il s'était mis à « se rouler par terre » en hurlant.

J'adore cet agréable moment où vous sentez le poids des regards autour de vous, des gens qui vous dévisagent comme « un père incapable de gérer son enfant ». La honte. Et parce que ça manquait, il avait commencé soudain à pleuvoir, et le vent s'était levé. Il ne me restait plus que douze minutes pour rentrer, sur un trajet légèrement vallonné (avec le masque, c'est juste parfait) qui en nécessitait dix, le tout en sachant que je n'avais plus le choix, j'allais devoir porter Léon en larmes jusqu'à la maison, en tenant dans ma main libre la draisienne qui devait peser pas loin d'une tonne. Et comme si ça ne suffisait pas, à cinq minutes de l'heure fatidique, il m'avait réclamé en chemin « du pain » tandis qu'on passait devant la boulangerie, ce que j'avais refusé étant donné que ma femme l'avait déjà acheté, ce qui n'avait fait que redoubler ses pleurs.

- Situation 2

Léon était resté trop de temps sur l'un de nos smartphones (oui, on est parfois des mauvais parents, on sait, merci). La raison ? Il pleuvait vraiment beaucoup, rendant compliquée toute balade, d'autant plus que la nuit était sur le point de tomber. On avait tenté de le stimuler avec des jeux de voiture ou de société, mais rien à faire, il ne déscotchait pas. Sans s'être dépensé, il était donc en mode pile, avec de l'énergie à revendre vu qu'il avait refusé de sortir un peu plus tôt après sa sieste dominicale, laquelle s'était terminée trop tard (car il avait une fois de plus mis trois plombes avant de réussir à s'endormir).

Après l'avoir maintes fois prévenu que ce serait le dernier épisode de *T'choupi* qu'il regarderait (de manière « exceptionnelle », comme toutes les autres fois où on avait cédé) sur le téléphone, on avait fini, contraints et forcés, par le lui arracher des mains, ce qu'il n'avait guère apprécié, bizarrement. Incapable de gérer ses émotions, il s'était roulé par terre de frustration en hurlant, pleurant (et bien évidemment c'était parfaitement compatible avec son gros rhume, faisant un peu plus couler son nez, qu'il refusait de moucher ou qu'on lui essuie). Sauf qu'après, on savait qu'il allait avoir droit à la douche (pendant laquelle il s'époumonerait : « veux pas la douche ! c'est trop chaud ! pas les yeux ! veux pas ! »).

Puis était arrivée l'heure du dîner, où il avait repoussé ce plat pourtant amoureusement préparé par sa maman, essentiellement parce qu'il était encore sous le coup de la colère, même s'il était probable qu'il ne se souvienne plus de la raison initiale pour laquelle il était dans cet état. Et enfin

136

l'heure du « gros dodo » où il lui avait fallu un long moment pour qu'il réussisse à redescendre en pression. Comme à son habitude, il avait fait caca juste après qu'on lui avait mis une couche propre. Il avait fini par se calmer et trouvé le sommeil.

Mais quelques heures plus tard, dans la nuit, il était venu nous réveiller pour quémander un biberon parce que bien entendu, il n'avait pas assez mangé. Et comme si ça ne suffisait pas, il avait réclamé *Simon Lapin*. À 3 heures du mat. Alors que son lait réchauffé était en train de refroidir, et que le changer ressemblait à un combat. Ambiance. Après lui avoir expliqué que ce n'était pas l'heure pour ça (la télé faisant dodo), il avait refusé de se rendormir, avant de s'écrouler de fatigue. Si seulement ce n'était pas la 3e nuit consécutive de ce genre...

- Situation 3

Un dimanche comme un autre, et la maman de Léon avait pris du temps pour faire un bon plat. Sauf que voilà, lui n'avait de cesse de répéter : « veux pas ! » Depuis ce matin, tout n'était que négation, quoi qu'il dise. Il avait des moments comme ça. Agacé par son comportement, on avait fini par le porter jusque dans sa chambre, après quoi on lui avait expliqué : « Quand tu auras faim et que tu auras fini de dire non à tout, tu pourras revenir. »

Comme il fallait s'y attendre, il s'était mis alors à pleurer en hurlant, en nous repoussant dès lors qu'on l'approchait pour le prendre dans nos bras. Parfois, il s'arrêtait et jouait soudainement avec ses petites voitures, d'autres fois ce n'était pas le cas et il nous appelait tout en nous demandant de partir dès qu'on rentrait dans sa chambre.

Et c'est à la suite de ça qu'on devait le calmer (une fois de plus) histoire « d'essayer » de lui faire faire sa sieste. Les jours un peu durs, il la refusait, en claironnant à tue-tête : « moi veux pas faire dodo » et autre « on a fini le petit dodo ? » après avoir feint d'avoir dormi pendant environ dix secondes. Après pas loin d'une heure et demie de vaines tentatives, allongé à côté de lui, on savait qu'on avait loupé le coche, d'autant plus que le train du sommeil était passé et qu'il risquerait désormais de se réveiller trop tard. Il était ressorti alors tout sourire, ravi d'avoir réussi à s'échapper victorieux de l'ennuyeuse sieste du dimanche. Sauf qu'il était debout depuis 5 h 50, et que la fin de journée serait pour nous interminable (pour lui aussi probablement), chaque phrase ou chose vexante de notre part le faisant se rouler par terre et partir en pleurs.

Il prendrait le livre que vous voulez lire avec lui et le balancerait en disant : « veux pas ça », idem pour le Colorino que vous avez préparé exprès pour lui. Là, on commençait officiellement à se dire qu'on était dans une bonne grosse journée de merde. Le soir arrivait enfin, et alors qu'on aurait pu s'attendre à ce qu'il tombe comme une pierre (histoire de se faire un petit film en amoureux pépère devant la télé), c'était tout le contraire qui s'était passé, car il était dorénavant trop fatigué pour s'endormir (oui, oui, vous avez bien lu). Il devait être 22 h 15, lorsqu'il avait fini par abdiquer (tout du moins que je ne l'avais plus entendu bougonner : « moi veux pas faire dodo »), et à peu près 22 h 30 quand j'allais réveiller sa maman qui, à bout, s'était assoupie allongée à côté de lui.

Voilà à quoi pouvaient ressembler ces situations, durant lesquelles, parfois, on avait eu le besoin de craquer (compréhensible, non ?) Et d'ailleurs, par moments, ça avait été le cas. C'était des pleurs de désespoir, des cris, de la colère, des injures, de l'agacement, des coups de pied dans le pouf. Souvent pour ma part, je confiais à ma moitié lorsque je me sentais borderline : « J'ai juste envie de me mettre en PLS dans un trou, et de n'en ressortir que lorsqu'il aura 18 ans et qu'il sera assez grand pour se barrer. » Quand ces instants de vie avaient lieu la nuit, et que j'entendais tout ce qui se passe dans le salon (sans pouvoir me lever pour l'aider parce que « non, papa veux pas ! », comprenez qu'il voulait rester seul avec sa maman), je transpirais dans mon lit, éprouvé par les pleurs de frustration de Léon, étant admiratif face au self-control de ma femme qui la plupart du temps ne s'énervait pas. Et puis il finissait par accepter de prendre son bibi, avant que le silence ne revienne envahir notre appartement, et qu'il se rendorme sur elle. À mon tour, j'y parvenais, enfin bercé par le calme.

Pour évacuer la tension, on parlait beaucoup, l'un avec l'autre. On se rassurait en lisant des témoignages similaires. Des fois, ça marchait, d'autres fois ce n'était pas suffisant.

En réalité, c'est tout à fait normal de craquer. Vous êtes des êtres humains, pas des robots (ou Chuck Norris, sauf s'il me lit, ce dont je doute). Le plus dur, c'est d'essayer de ne pas le faire tous les deux en même temps. Lorsque ça arrive, c'est là qu'on est content ou qu'il faut qu'un membre de la famille ou un proche puisse prendre le relais, afin de souffler. Mais quand on n'en a pas... On doit s'habituer à faire sans, parce qu'on n'a pas le choix.

Il y a toujours plein de raisons pouvant expliquer pourquoi un adulte finit par être à bout, face à ces moments un peu difficiles. Souvent, le manque de sommeil n'arrange pas les choses. Il peut aussi y avoir l'absence de reconnaissance (il ne se rend pas compte des efforts que parfois vous faites pour lui) et surtout l'illogisme ou une incohérence totale vis-à-vis des réactions de votre enfant.

Pourquoi veut-il absolument sortir faire un tour à 11 h 30 (soit quinze minutes avant le repas), alors que pendant deux heures, vous n'avez pas arrêté de lui dire « tu veux sortir ? » ce à quoi il nous répondait non, avant de se replonger devant les replays *de* Peppa Pig *?*

Et pourquoi désire-t-il manger une compote d'abricot « avant » ses pâtes ? Ou la raison pour laquelle il préfère un biberon plutôt qu'un bon déjeuner préparé avec amour ? Et pourquoi diable apprécie-t-il tant de regarder T'choupi *en* replay *sur un smartphone, alors qu'il est diffusé en même temps sur la télé, allumée devant lui ? « Comprends pas », comme dirait ma sœur.*

Il est aussi nécessaire de garder en tête, dans les moments d'agacement liés à la temporalité (lorsqu'il y a un horaire à respecter, que ce soit le médecin, l'assmat ou un bus à attraper) : entre 1 et 2 ans, votre enfant n'a pas encore la conscience du temps qui passe. « On va être en retard », « Il faut y aller », « On doit rentrer sans quoi papa risque de se prendre une amende, car il a dépassé son heure de sortie quotidienne », toutes ces phrases-là ne lui évoquent rien. Aux alentours de ses 3 ans, le nôtre a commencé à avoir quelques notions (je parle bien de notions) des jours, séparés par « les gros dodos ». Mais pour ce qui était des heures, l'affichage du four mêlé à son apprentissage des nombres nous a parfois bien aidés, mais pas lorsqu'il confondait les heures et les minutes...

Il n'y a que pour ses terreurs nocturnes pour lesquelles il nous était compliqué de lui en vouloir ; le pauvre, ça ne devait pas l'amuser d'en faire (l'avantage étant que lui, le lendemain, ne se souvenait de rien). Mais pour ce qui était de l'endormissement, qu'il ne veuille JAMAIS lâcher prise le soir ou l'après-midi (avec nous tout du moins), c'était parfois insupportable.

Pour ce qui était des siestes du week-end (au-delà du fait qu'on savait que chez son assmat, elle le posait et *hop*, Morphée faisait le reste), le pire, c'est qu'après avoir mis trop longtemps à trouver le sommeil, ce petit chenapan tardait souvent à émerger et nous envoyait bouler lorsqu'on essayait de le réveiller... Et là, on devait régulièrement faire face à ce cruel dilemme : est-ce qu'on le réveille gentiment maintenant, quitte à le titiller un peu, ou est-ce qu'on le laisse encore un peu dormir ? Sachant que dans l'une de ces deux solutions, on savait qu'il y aurait probablement un réveil merdique, mêlé de pleurs et de « moi veux pas » à tout-va. Le Terrible Two dans toute sa splendeur.

Pour le reste, la plupart de ces crises étaient en partie liées au fait qu'il ne savait pas gérer ces nouveaux sentiments qui apparaissent, incluant entre autres : la frustration, la colère, l'angoisse, l'impatience. Il allait l'apprendre, petit à petit, au fur et à mesure des semaines et des prochains mois.

Pour essayer de vous donner un équivalent, vous savez lorsqu'on tombe parfois fou amoureux, on est victime de ce qu'on appelle « l'amour stupide ». On erre sans but, un sourire collé aux lèvres, on rigole bêtement, animé par une force invisible et terriblement puissante qu'on ne gère pas toujours.

Pour lui, on pouvait supposer que c'était pareil, mais en cent fois pire : il ne SAVAIT pas la contrôler. Un peu comme un Jedi de *Star Wars*, il devait apprendre à maîtriser la force, mais le côté obscur de celle-ci était souvent plus simple à acquérir...

Enfin un dernier point, crucial et pourtant qu'on a trop régulièrement tendance à oublier : si votre enfant fait une bêtise innovante (j'entends que vous ne lui aviez pas déjà expliqué que ce qu'il faisait n'était pas bien), souvenez-vous qu'il ne sait peut-être pas que ce qu'il fait est mal. Et ce même si ça peut être grave ou dangereux comme :

- *mettre du rouge à lèvres sur les murs ;*
- *balancer tout ce qu'il a à portée de main de votre balcon situé au 5ᵉ étage ou ;*
- *verser de l'eau dans la multiprise (et non, le nôtre n'a pas fait tout ça, par chance).*

Si vous ne lui dites pas (gentiment, mais fermement, surtout si c'est la première fois) que ce qu'il vient de faire est mal, il ne pourra pas le deviner. Et parfois, souvent même, il faudra lui répéter plusieurs fois que ce qu'il fait est une connerie, et qu'il doit absolument cesser, en lui expliquant éventuellement les conséquences potentielles (car n'oubliez pas que votre enfant comprend bien mieux que ce que vous ne pouvez le supposer).

Et donc, comment gérer lorsque l'on pète un câble ?
À vrai dire, je n'ai pas de solution miracle. Chacun doit faire comme il peut. Chez nous lorsque c'était possible, en général celui qui en avait besoin allait faire une balade en solo pour se calmer et décompresser. Pour ma part, j'essayais de repenser aux années (de tranquillité...) qui avaient précédé sa venue, ainsi qu'aux galères et aux fausses joies qu'on avait eues avant

142

de l'avoir, et comment ce qui était le début d'un décollement de l'embryon avait fini par devenir un magnifique petit garçon.

Dans un second temps, je songeais à tous ces couples qui ne parvenaient pas en avoir, et ce malgré l'aide médicale, et pour qui tous les mois les crises de larmes et le désespoir étaient un peu plus violents. Enfin, j'avais une pensée pour toutes celles et ceux qui avaient connu de terribles épreuves avec leur progéniture : une séparation, une maladie, des problèmes d'argent, et le pire de tout, sans doute, un deuil (qu'il soit parental ou infantile). Je soufflais un bon coup, et je rentrais à la maison.

Mon fils était toujours en train de hurler par terre, inconsolable. Il ne se souvenait probablement plus de la raison, mais de toute façon, seul le temps ferait qu'il finirait par se calmer. Je voyais sa mère, à bout, impatiente de pouvoir enfiler à son tour son manteau pour sortir, histoire de prendre l'air quelques minutes.

C'est la vie, c'est comme ça.

Ça fera sûrement partie de ces souvenirs que ma mémoire se chargera de rapidement effacer lorsque les années passeront, pour ne garder (je l'espère) que les crises de rire et les scènes de liesse.

Mais afin de finir sur une note positive, et surtout pour conclure sur le sujet, le pire dans cette histoire, c'est qu'une fois le lundi matin venu, après avoir déposé Léon chez sa nounou (en pleurs, étant donné qu'il avait décidé qu'il ne voulait pas y aller), après l'un de ces week-ends bien éprouvants où il nous aura fait la misère (pour preuve : apéro nécessaire le samedi midi, le soir, et rebelote le dimanche), je rentre à la maison. Avec ma femme, on souffle deux minutes

143

avant de reprendre le cours intense de nos vies professionnelles en repensant aux deux précédents jours, presque avec le sourire : « Je pense qu'on a rarement passé une fin de semaine aussi pourrie. Je te fais couler un café ? »

Et pourtant, malgré tout ça, environ une heure plus tard, l'un comme l'autre, on n'attend plus qu'une chose : que le soir arrive pour aller récupérer notre gentil petit monstre. Pour qu'il franchisse la porte et qu'il aille allumer la lumière en disant : « Je crois que je vais allumer parce que je vois rien moi. » Puis qu'il se hisse sur sa petite chaise dans la salle de bain pour se laver les mains dans le lavabo (où il trempera une fois de plus ses manches et fera couler l'eau pendant dix minutes au moins, car c'est drôle de faire des bulles avec le savon). Puis qu'il vienne me voir, me regarde et me dise « mange-moi, papa » le sourire aux lèvres (c'est pour de faux hein, je le précise au cas où... mais ça le chatouille, le fait hurler de rire et du coup il adore ça et moi aussi). Puis que sa mère lui annonce qu'elle va préparer la soupe et qu'il lui demande : « Je peux t'aider ? On peut faire tous les deux ? »

La mémoire a déjà commencé à me faire oublier ce week-end merdique, un parmi tant d'autres, et je suis désormais convaincu que la semaine sera bonne.

Se souvenir des meilleurs moments, et tâcher de rapidement zapper les mauvais est sans doute une chose essentielle à faire lorsqu'on a un enfant, sinon, on n'avance pas.

Chapitre 13 : Tête-à-tête avec papa

2 ans et 7 mois.

Le deuxième confinement (du 30/10 au 15/12) à cause de cette saloperie de Covid avait commencé quelques jours après qu'on nous avait sucré les entraînements de sport : elle allait être belle la saison de volley 2020/2021 (non)...

Comment allais-je faire, moi (et tant d'autres Français) pour me dépenser, afin d'oublier tout le stress, généré par ce petit bout de chose qui causait de plus en plus ? Avec des phrases telles que : « La box ne marche plus peut-être, il faudrait la redémarrer », « Tu cuisines, maman, je peux t'aider ? », « C'est le week-end ? » et autre « Il est où papa ? (*spoil* : aux toilettes, il profite d'un rare instant de paix...) D'accord ! »

Je dédramatise volontairement, quelle terrible période c'était. Et le pire était qu'on n'avait aucune date de sortie de ce merdier... La seule chose pour laquelle on pouvait au moins se réjouir, c'était que ce coup-ci les écoles (et dans mon cas : l'activité de son assistante maternelle) resteraient ouvertes.

Son assmat continuait donc de garder Léon, sa copine et son petit frère toute la semaine, et nous prenions le relais les week-ends. Et il s'avère que tous les samedis matin, tandis que les mamans étaient au marché, j'allais me promener au parc avec mon fils. Je n'avais jamais compris pourquoi ce jour-là je croisais autant de papas, qui comme moi allaient faire prendre l'air à leurs bambins. Peut-être était-ce un hasard, ou ça pouvait aussi être des papas divorcés ayant un enfant en garde alternée.

Léon semblait apprécier cette période de l'année, car le sol était jonché de marrons (ou des châtaignes, on ne va pas se lancer dans le débat : ça importe peu) qu'il adorait ramasser. Une fois qu'il en avait un bon stock (qu'il entassait dans son casque que je lui mettais pour qu'il puisse faire de la draisienne en toute sécurité), nous nous rendions jusqu'à la mare, et il les jetait dans l'eau un par un. C'était son grand kif. Sa mère et moi étions bien conscients qu'il était interdit d'y nourrir les canards avec du pain ou des boudoirs (ce qu'on

146

oubliait parfois volontairement...), mais rien n'était mentionné au niveau des marrons (le fait est qu'en plus, un énorme marronnier était juste à côté, et il en tombait bien évidemment dedans).

J'admirais donc mon fils vider son stock de provisions dans la mare d'un œil amusé. Soudain, le papa d'une petite fille de son âge était venu à lui, et lui avait expliqué gentiment : « Il ne faut pas jeter des marrons dans la mare. » Léon m'avait regardé, et vu que je ne lui avais rien dit, il avait continué comme si de rien n'était. Sans doute vexé de cette non-réaction de ma part, le jeune père s'était adressé à moi :

— Excusez-moi, mais il ne faut pas que votre fils jette des marrons dans la mare.

— Ah bon ? Et pour quelle raison ?

J'avais envie de rajouter : « Vous êtes préposé à cette mare ? Vous êtes gardien ? Vous êtes de la police ? Non ? Alors de quoi je me mêle ? » Mais... comme souvent dans les situations de ce genre, toutes ces répliques je ne les avais eues que bien plus tard en tête.

— Car les poissons pourraient en manger et s'étouffer avec.

Waouh. Certes, un poisson c'est con, on ne va pas se mentir. Des années que ça se fait pêcher, et ça continue à se faire avoir de la même manière. Cependant, les analyses sont formelles : aucun n'est jamais mort en tentant d'avaler un marron. Et ça, « monsieur l'expert de la nature semblait l'ignorer ». Pris au dépourvu, plutôt que de lui répondre ça, je m'étais contenté de lui dire :

— Oui ben... ça l'amuse.

Et ça ne vous dérange pas, donc... où est le problème ? J'avais regardé sa petite fille, qui avait l'âge de mon fils, et qui visiblement crevait d'envie de piquer un marron à Léon pour le jeter à son tour... J'avais un moment pensé à lui en tendre un, pour apprécier de voir son papa l'en empêcher, mais je n'avais pas eu la possibilité de mettre à exécution ce plan machiavélique : son père l'avait rapidement prise dans ses bras avant qu'elle ait eu le temps de faire quoi que ce soit, et marmonné : « Je vais shooter dans son casque (par terre) plein de marrons, on va voir si ça va l'amuser. » Puis il avait rajouté, à quelques mètres de moi, probablement assez fort pour que je l'entende : « Viens ma chérie, il est stupide. »

Et voilà. Je partais avec ça sous le bras. Mitigé entre le fait de me dire : « OK, ce n'est pas bien de jeter ce genre de choses dans une mare (qui est déjà rempli de bâtons, de feuilles, de pierres, de déjections de canards, de cadavres de poissons et peut-être de gens portés disparus, etc. On n'est pas sur quelque chose de translucide, hein) », et la réaction, « légèrement exagérée » de ce papa, qui n'avait visiblement guère apprécié que je ne me soumette pas à ses bons conseils (parce que bon, je n'étais pas en train de déverser de l'huile de vidange dedans, hein...). Lorsque j'avais raconté cette histoire autour de moi, en mode autodérision comme souvent, une grande majorité de proches avait tenté de me rassurer : « Faut pas t'en faire, tu sais, même chez les papas il y a des connards. » Tout était dit, ça résumait bien le fond de ma réflexion sur le sujet.

Mais Léon, lui, s'en fichait pas mal de ce papa (stupide toi-même), autant qu'il n'avait rien à faire du confinement (si ce n'est qu'il nous faisait penser lorsqu'on sortait sans masque à

148

le mettre). Lui, il continuait à grandir, aidé de son assistante maternelle. Et même s'il l'adorait, j'avais encore parfois droit à des pleurs au moment d'aller chez elle, alors que je devais le porter dans mes bras (oui, parce qu'à la question « tu ne sais plus marcher ? » il me répondait en se marrant : « non, j'ai oublié »). Une chose était certaine : il apprenait en plus de beaucoup s'amuser chez elle.

C'était durant le mois de novembre que lui et sa petite acolyte avaient commencé à faire de la cuisine (plus précisément des gâteaux). Quand on avait reproduit à notre tour l'expérience chez nous (et qu'il était aux anges de pouvoir enfin aider la maman aux fourneaux), on avait rapidement compris que s'il aimait bien mixer les aliments, mettre de la farine dans le robot-cuiseur et casser les œufs, déguster ce qu'il avait préparé ça l'intéressait moins. On était donc ravis de manger les gâteaux qu'on avait cuisinés exprès pour lui...

Il continuait aussi d'apprendre de nouvelles chansons, et connaissait désormais quasiment en entier *Petit papa Noël* (sa grande spécialité était d'ailleurs de l'entonner JUSTE au moment de s'endormir) ce qui collait plutôt pas mal avec la période « festive » qui arrivait, et pour laquelle il se passionnait bien plus que l'année précédente. C'était donc avec la fierté d'un père musicien que je l'observais danser en rythme avec l'un de ses jouets musicaux (au grand dam des voisins qui parfois tapaient à leur plafond pour nous signaler leur mécontentement). De ce fait, nous avions décidé d'investir (avant Noël) dans un Ocarina (l'équivalent d'un lecteur MP3 simplifié et surtout résistant aux chocs pour les enfants).

Après quelques jours d'adaptation à en comprendre le fonctionnement, c'était devenu un accessoire dont il peinait à se séparer. Le plus dur avait été de trouver des chansons pouvant l'intéresser. On lui avait donc collé en vrac la totalité des comptines (celles-là mêmes dont je parle dans le tome 1) qu'il avait l'habitude d'écouter en voiture ou chez son assmat, mais aussi des chants de Noël, *Le Carnaval des animaux*, et quelques musiques phares de l'univers de Walt Disney, incluant *Il en faut peu pour être heureux* (tiré du dessin animé de notre génération *Le Livre de la jungle*) et le plus récent *Hakuna Matata* (provenant du *Roi Lion*) qu'il n'avait pas mis longtemps avant d'adorer.

« Veux Hakuna ! » nous disait-il au début en nous tendant son Ocarina. Mais rapidement, il a compris comment accéder à la 12e plage du 3e dossier, qu'il nous repassait en boucle (à noter une certaine subtilité dans les paroles... ceux qui savent comprendront). On avait aussi tenté tant bien que mal de lui en interdire l'utilisation le soir une fois dans le lit lumière éteinte. Mais parfois, il traînait dans sa chambre, et s'il le trouvait avant nous, c'était quasi impossible de le récupérer sans pleurs...

Sa lettre au père Noël avait été postée dans la boîte à cet effet, et il était désormais temps pour lui de décorer son premier sapin, incluant les éléments qu'il avait préparés avec son assmat : de magnifiques petits dessins en pâte à sel, peints, ainsi qu'une étoile qu'il avait eu la chance de mettre tout en haut de celui-ci. Notre ville était également passée à l'heure de Noël, et Léon appréciait autant que nous de se promener dans les rues (assez vides) parées d'ornementations lumineuses en tout genre.

Mon cadeau à moi pour l'occasion, ça allait être une soirée « tout entière » avec lui. Entre mecs. Comprenez pour lui : « loin de maman ». Elle avait un déplacement l'obligeant à partir aux aurores de chez nous, et elle ne devait revenir qu'aux alentours de 22 heures. J'avais paniqué lorsqu'elle m'avait parlé de ça... Je m'imaginais déjà Léon dans le canapé, s'apercevant au beau milieu de la nuit que sa mère partait si tôt au travail, se mettre à hurler et pleurer.

Fallait-il lui annoncer que sa maman ne serait pas là, ou le laisser s'en rendre compte et jouer la surprise ? Comme nous l'avait confirmé sa nounou (et d'autres pédiatres dans divers articles sur Internet), il était plus que nécessaire de lui dire les choses, de le prévenir sans dramatiser. Il faut croire qu'en fonction des générations, tout le monde n'aurait pas réagi de la même manière, mais finalement on n'avait pas eu de regret d'avoir procédé de la sorte.

On lui avait bien expliqué, plusieurs fois, comme quoi le matin ce serait papa qui s'occuperait de lui, et qui irait le chercher le soir. On sortait d'une longue période où l'on ne savait pas trop pourquoi Léon se réveillait fréquemment la nuit et surtout il venait terminer de dormir dans le canapé du salon... C'était l'une de mes craintes (que son départ ne le tire de son sommeil), mais heureusement sa mère avait pu quitter l'appartement sans encombre aux aurores.

La première question de Léon, lorsqu'il avait donné de la voix à 6 h 30 et vu que c'était moi, avait été : « Elle est où maman ? » Il avait été plutôt compréhensif. Après lui avoir fait réchauffer son bib, l'avoir débarbouillé puis habillé, je lui avais répété devant chez sa nounou que ce soir ce serait moi qui viendrais le chercher, et quand il avait dit : « non pas papa, maman ! » j'avais préféré partir. Bien préparé par l'assistante maternelle à qui j'avais exposé la situation du moment, il n'avait pas bronché lorsque j'étais allé le reprendre, et il avait visiblement bien apprécié la soirée, où l'un de ses deux parents était totalement disponible pour jouer avec lui. Malgré tout, il n'avait pas pu s'empêcher de me demander quelques fois :

— Elle est où maman ?

— Elle est au travail.

— Elle va revenir ?

— Mais oui, bien sûr, est-ce qu'un jour elle n'est pas revenue ? Mais ça sera très tard, quand tu dormiras déjà.

— Moi veux pas dormir, moi veux l'attendre.

Voilà. Déjà qu'en temps normal c'était compliqué, là c'était pour ainsi dire impossible qu'il fasse dodo sans la voir auparavant. Par chance, elle était arrivée peu après le début du coucher, et elle avait pris le relais.

Si cette première expérience avait plutôt été un succès (car il n'y avait eu aucun pleur), elle avait été répétée quelques semaines plus tard, sauf que là, la maman partirait la veille (il me faudrait donc gérer un dodo [obligatoire] et deux matins sans elle, en croisant les doigts pour qu'il n'y ait pas de réveil nocturne...). Ce jour-là, la première soirée s'était globalement bien passée, jusqu'au moment du coucher, où je lui avais lu un livre qu'il n'avait encore jamais eu l'occasion d'entendre.

L'histoire décrivait un ourson doté de supers-pouvoirs, appréhendant d'aller nettoyer son bavoir (qui lui servait de cape de super-héros) et qui était fort sale. Une fois dans la laverie, il croisait un petit garçon qui venait pour lui laver son doudou, et qui avait également peur de devoir s'en séparer. Le cœur battant, ils observaient les machines à laver (avec leurs objets fétiches dedans) en train de tourner, jusqu'à ce qu'un réparateur arrive pour leur annoncer qu'elles étaient en panne jusqu'au lendemain. En panique, les deux protagonistes décidaient de dormir l'un contre l'autre pour se soutenir. Au petit matin (*happy end*), l'ourson récupérait son bavoir tout propre et s'envolait avec le garçonnet qui était également ravi d'avoir retrouvé son doudou fraîchement lavé. Niveau fun, j'avais connu mieux. Léon, lui, semblait dépité, au bord des larmes. Il m'avait soudain montré la couverture, et répété, anxieux :

— Le petit ours, son bavoir il est encore sale !

— Oui, mais à la fin il est tout propre.

— Mais non, regarde là (en me montrant la couverture du livre), il est toujours tout sale !

Et *pouf*, explosion de pleurs. Impossible à calmer. *Youpi*. Pendant près d'une heure, j'avais fait mon possible pour qu'il sèche ses larmes. Lorsque parfois je sentais que ça allait mieux, il me reparlait de ce foutu ourson avec son putain de bavoir dégueulasse, et ça repartait (alors que pourtant j'avais caché le livre, me jurant plus tard de le brûler ou de l'offrir à monsieur l'expert des marrons de la mare).

Il avait fini par se calmer. Après avoir réussi à l'allonger et à lui faire boire son biberon (qui l'avait probablement détendu), il m'avait plusieurs fois redemandé : « Elle est où maman ? Elle va revenir ? », je l'avais rassuré, une fois de plus. Puis il s'était endormi, à bout.

Par la suite, j'avais compris qu'il avait en fait projeté sa tristesse et son appréhension de la séparation dans ce livre, et qu'il ne pleurait pas à cause de la saleté de cette saloperie de bavoir crade, mais bel et bien car sa mère lui manquait à ce moment-là. C'était tombé sur ce bouquin-là, qu'il n'avait pas l'habitude de le lire, mais ça aurait pu être le cas pour n'importe quelle autre histoire ou autre objet.

Les retrouvailles le lendemain soir avaient été joyeuses, mais pas si incroyables que ça. Et alors que j'étais tellement content que ça se termine, et surtout qu'il ait réussi à dormir deux nuits complètes à la suite, Léon avait fait coup sur coup deux terreurs nocturnes (ou des hurlements qui y ressemblaient). Une fois de plus, on avait probablement la conséquence directe de cette première séparation : l'inconscient digérait ce qu'il venait de se passer, cette rupture provisoire de cette relation fusionnelle entre le petit garçon et sa mère.

Et c'est là que je vais vous parler du complexe d'Œdipe, évoqué pour la première fois par Freud. Inspiré du mythe grec où un enfant tua sans le savoir son papa pour épouser sa maman, ce concept désigne la période pendant laquelle l'enfant éprouve un amour inconditionnel pour le parent du sexe opposé, et de temps en temps un sentiment de jalousie envers celui du même sexe. Pour résumer ça, on pourrait dire que oui, souvent (d'après les quelques témoignages que j'ai pu avoir), les filles ont tendance à préférer leur père autant que les garçons adorent leur mère. En général, ça commence à vraiment se voir aux alentours de 3 ans, et ça peut durer jusqu'à 6 ans, mais il n'y a pas de règle. C'est tout naturel, et ça fait partie du développement psychique de l'enfant.

Ainsi, Léon, qui voulait parfois être le seul à profiter de sa maman, me disait quand je sortais de mon bureau pour les rejoindre (dans le salon de 45 m²) « Non, papa, tu peux pas rester ici, il y a plus de place ! Va dans ton bureau ! ». D'autres fois, il préférait se promener uniquement avec sa mère, et me le faisait comprendre : « Reste là, papa ! », et ce malgré les efforts que je faisais au quotidien pour être proche de lui. C'était à certains moments un peu douloureux, en tant que papa, de voir que la maman (qui aurait bien aussi apprécié que Léon partage son amour, parce qu'il pouvait être usant à être en mode glu de la sorte en permanence) avait tous les câlins et que moi je n'en avais quasiment pas (sauf lorsque c'était une excuse pour repousser l'heure du dodo).

Bien évidemment, il y avait le fait qu'elle l'avait porté 9 mois durant, mais comment expliquer que chez des amies qui avaient une ou plusieurs filles, c'était leur père qui avait le droit à tous les tendres moments et les bisous ? Forcément, il y aura des exceptions qui confirmeront la règle, mais j'avais très souvent vu ce genre de rapprochements chez de jeunes parents qu'on connaissait.

Et un beau jour, aux alentours de 6 ans, votre enfant comprend qu'il ne pourra pas se marier avec son parent de sexe opposé. L'hostilité pourra alors potentiellement se transformer en admiration : la fille voudra être maquillée comme sa maman, tandis le garçon souhaitera s'habiller comme son papa (et parfois, ça sera l'inverse). Je suppose que je vous parlerai de cette évolution dans un ou deux tomes, qui sait…

Les vacances de Noël étaient là, et quelques jours plus tard, Léon découvrait ravi ses cadeaux. Enfin, était-ce le contenu, ou juste de déchirer le papier les entourant ? Mystère. Il eut certains présents qu'il apprécia particulièrement plus que les autres : un ordinateur éducatif (avec un menu permettant de répéter l'alphabet, de compter ou de faire de la musique), un garage en bois, équipé d'un ascenseur, et enfin un tapis représentant une route, des carrefours et même une ligne de train pour simuler des circulations de véhicules en situation réelle ou presque (la phase « petites voitures » était sur le point de remplacer la phase de construction et d'assemblage de Lego). Il avait mis un peu de temps à en comprendre l'utilité, mais dès lors qu'on lui avait bien expliqué à quoi ça servait, il avait sorti tous les véhicules (voitures, motos, camions, bus, avions) qu'il avait en réserve et avait commencé à les faire rouler dessus, demandant parfois que papa ou maman vienne avec lui (en prenant garde de ne pas s'asseoir sur la route, ce qui n'était pas toujours une mince affaire).

On adorait ces moments d'indépendance, ces rares instants où il n'était pas en train de se rouler par terre parce qu'il était l'heure de le changer, qu'il voulait qu'on lui laisse encore un peu nos smartphones ou qu'il fallait qu'il se lave les dents...

Chapitre 14 : Pourquoi ci, pourquoi ça

2 ans et 10 mois.

— Mais, es-tu bien conscient que Léon est en avance sur son âge ?

— Comment pourrais-je m'en rendre compte ?

— Par rapport aux enfants de bientôt 2 ans, par exemple ?

— Cela voudrait dire qu'il faudrait donc que je le compare aux autres ?

J'avais eu cette discussion avec une personne de ma famille, qui avait vu défiler pas mal de petits enfants de son côté. Elle avait bien plus de recul que moi sur le sujet. Mais pour ma part, j'avais du mal à faire ce constat, et ce pour plusieurs raisons :

- déjà, le fait d'avoir à comparer. Les enfants ne sont pas des voitures, des smartphones ou des ordinateurs, mais bien des êtres humains, avec leur histoire, leur ADN, leur milieu familial ;
- et puis, sur quels critères devrait-on se baser ? La propreté ? La motricité ? La parole ? L'endormissement ? Le fait qu'il bave toujours ? ;
- et surtout, pourquoi ? Pour être fier ?

Comparer c'est juger, quelque part, et je n'étais pas sûr que ça soit une bonne chose. Alors effectivement, Léon s'exprimait de manière plus compréhensible qu'un petit voisin de son âge de notre immeuble, mais leur situation familiale (mère veuve) n'avait rien à voir avec la nôtre. Et oui, Léon avait une motricité plus développée qu'un autre garçon de 3 ans chez l'assmat, mais qui lui en contrepartie, était déjà propre à 2 ans et demi et parlait légèrement mieux. Enfin, on avait fini par croiser un enfant d'à peine un mois de plus que Léon, et qui s'exprimait incroyablement bien (mieux) que notre petit bambin. Comme quoi, il n'y a vraiment pas de règle.

À un peu plus de 2 ans, le nôtre savait :

- reconnaître et nommer toutes les lettres de l'alphabet ;
- compter jusqu'à 20 ;
- mémoriser comment s'appelaient tous les personnages ornant les premières pages du livre de *Sam le pompier* ;
- jouer à Candycrush (vite fait) (je le mentionne, mais je n'en suis pas fier en réalité) ;
- zapper les pubs sur YouTube et agrandir l'écran (idem) ;
- et enfin, il était capable de citer un bon nombre de fruits étant donné qu'on passait devant l'étalage d'un marchand tous les jours, pour aller chez son assmat (qu'en plus il avait déjà découvert visuellement dans *L'Imagier de Montessori* qu'on parcourait régulièrement ensemble).

Mais est-ce que ça faisait de lui un petit être plus intelligent que les autres ou en avance ? Le site internet *naitreetgrandir.com* permettait d'avoir quelques informations sur ce qu'un enfant doit faire de 0 à 3 ans, par tranches de 6 mois, mais au final, cela ne nous importait guère : on estimait qu'il se développait à son rythme, et au vu de ses progrès constants au niveau du langage, on ne pouvait que se féliciter qu'il parle de mieux en mieux. C'était déjà bien. Je crois qu'en fait, on n'avait pas vraiment envie de savoir s'il était en avance ou pas.

Si ça devait être le cas, on espérait qu'on nous le signalerait assez tôt lorsqu'il rentrerait en maternelle, et qu'on aviserait en fonction.

Après ses « non, Léon veut pas », il changea progressivement de refrain. Par exemple, parfois lorsqu'on lui disait : « Tu peux faire ça ? » ou « Maman est à tel endroit », il se contentait de répondre « D'accord ! », d'une voix enchantée. En cette nouvelle année 2021, il commençait désormais à « argumenter ses choix ». Ça, je peux vous dire que des phrases débutant par « En fait moi je », on en a entendu un certain nombre (surtout au moment d'aller se coucher et/ou dès qu'il avait fait une connerie) :

— Léon, où vas-tu, c'est l'heure de dormir ?

— En fait, moi je voulais aller voir papa pour lui faire un gros câlin et un gros bisou.

— Alors, mais tu reviens vite dans ta chambre, hein.

— D'accord.

Il venait me voir et s'exécutait, après quoi il retournait jusqu'à sa maman en courant « sur la pointe des pieds ». Il me regardait et me disait : « Comme ça, les voisins sont contents ? » (rapport au fait qu'ils cognaient souvent à leur plafond, probablement car petit loup se déplaçait trop bruyamment...). Je lui répondais que oui en souriant. Et puis deux minutes plus tard, il ressortait en m'expliquant :

— En fait, moi je voulais voir si c'est plus cinq (à l'horloge du four, il s'était découvert une passion dévorante autour de l'avancement régulier des minutes).

Ensuite, c'était « en fait, moi j'ai pas dit au revoir aux poissons », suivi de « en fait, moi je voulais faire un peu de sport avant de faire dodo », et autre « en fait, moi je voulais garer mon camion ».

D'autres fois, il argumentait ses bêtises (en cours ou futures) avec ce mot magique :

— Léon, c'est quoi toute cette eau par terre ?

160

— En fait, moi je voulais nettoyer le sol ! Ça y est, il est bien propre !

Dans les nouvelles choses un peu surprenantes autour du langage, il nous avait un jour sorti le mot « Pourquoi ? » ou du « C'est quoi ça », sans pour autant vraiment donner l'impression de s'intéresser plus que ça aux réponses qu'on lui avait fournies. L'une des premières fois où il nous avait fait le coup, ça avait été lorsqu'on s'était dit que de l'emmener au zoo serait une bonne idée, lui qui adorait regarder les livres de sa bibliothèque avec les animaux dessus, sans parler de toutes ces petites figurines qu'il collectionnait (merci Botanic, d'avoir eu la brillante idée de mettre ça devant les caisses...).

Mais avec le recul, on avait fini par se demander si ça n'avait pas été peut-être encore trop tôt pour lui. Déjà, parce que la journée avait commencé par quarante-cinq minutes de route (peu, mais assez pour le rendre un peu désagréable vu qu'il appréhendait de vomir).

Le zoo de Thoiry permet à ses visiteurs de voir quelques animaux en liberté (incluant girafes et éléphants) au cours d'un safari (à savoir qu'on fait un petit circuit en voiture, et qu'on peut les admirer derrière nos vitres fermées).

On avait envisagé de débuter par ça, mais on s'était rapidement dit que ça ne serait pas forcément une bonne chose de faire ça dès le matin, alors qu'il n'avait qu'une envie, se dérouiller les jambes... Peut-être serait-il plus judicieux de faire ça l'après-midi une fois le tour du zoo terminé peut-être ? Juste avant de s'enquiller de nouveau quarante-cinq minutes de route ? Mouais. Mauvaise idée également : le safari, on allait l'oublier pour l'instant.

Pourtant, on en avait vu des trucs sympas ce jour-là, à commencer par le nourrissage des lions (qui avait lieu de manière aléatoire à cause de la Covid pour éviter les attroupements), le tout dans un tunnel transparent qui nous avait permis d'être aux premières loges et d'admirer ces énormes félins se déplacer avec une agilité incroyable. On espérait qu'il apprécierait autant que nous mais... on avait un gros doute sur le sujet :

— Ça te plaît, Léon ?

— Oui. On peut y aller ?

Il était 10 h 12 quand il nous avait répondu ça, et à ce train-là (il nous disait ça à chaque fois qu'on voyait un nouvel animal, comme s'il ne prenait pas le temps de le regarder), la journée allait être longue pour tout le monde. Avait-il peur ? Sans doute. Ou peut-être que le monde animal ne le fascinait pas encore. À noter que lui qui par le passé appréciait tant de pouvoir s'approcher pour caresser les chiens ou les chats, depuis quelque temps, cette tendance s'était inversée et il s'était mis à les redouter (ce qui en termes de prudence n'était pas plus mal finalement). Il avait eu le même comportement devant les crocodiles (pourtant guère inoffensifs, dormant à moitié dans leur mare), que pourtant il adorait sur les livres.

Mais on avait eu au moins une satisfaction : il y avait eu quelque chose qui lui avait vraiment plu durant cette visite (*ouf*) : l'aire de jeu ! Le toboggan et les espèces de poufs qui faisaient un son de cloche quand on sautait dessus. Tout ça pour ça, on était un peu dépités (ça me rappelait lorsqu'on avait fait des heures de route pour l'emmener à la mer, et que la seule chose qu'il avait appréciée, ça avait été de contempler son ombre par terre sur le remblai...).

Et soudain, alors qu'on était en train de découvrir l'enclos des animaux sud-américains, il s'était amusé à me montrer du doigt tout ce qu'il voyait passer devant lui, incluant des espèces dont parfois j'ignorais jusqu'à l'existence :

— C'est quoi ça ?

— C'est un paon.

— Ah d'accord. Et ça, c'est quoi ?

— C'est euh... un genre de gros cochon. Qui pue.

— D'accord. Et ça, c'est quoi ?

— C'est moche déjà et c'est euh... comme une grosse hyène.

— D'accord ! Et ça, c'est quoi ?

— Tiens, demande à ta mère qui va en profiter pour te prendre un peu dans ses bras (vive la poussette qui ne sert à rien).

On savait que le jeu du « Pourquoi » pouvait vite s'avérer un piège sans fin, lorsque chaque réponse à ses questions entraîne un autre pourquoi, et que la limite de nos connaissances est rapidement atteinte (ou qu'il est trop compliqué de lui expliquer la gravité, la consistance précise du caca ou la raison pour laquelle certaines coquilles d'escargots sont vides, tandis que d'autres sont pleines, et qu'on a envie de lui répondre « 42 » à chaque fois, mais qu'il est trop tôt pour comprendre la référence [3]). Ces moments allaient cependant

---

[3] Référence que vous n'aurez pas non plus si vous n'avez pas vu ou lu l'excellent *H2G2 : Le Guide du voyageur intergalactique*. C'est pas bien grave, vous pourrez survivre sans.

devenir de plus en plus fréquents, souvent au coucher d'ailleurs, bizarrement.

Bref, la journée s'était terminée comme elle avait commencé, c'est-à-dire par des pleurs dans la voiture, sachant qu'en plus ce coup-ci, il avait le ventre plein (les frites étant probablement la seconde chose qu'il avait le plus appréciée durant sa visite, après l'aire de jeux, mais étant donné que ce n'était pas l'élément le plus recommandé pour une personne atteinte du mal des transports, on n'était pas zen). On espérait qu'il se rendormirait au retour, vu que ça collait avec ses horaires de sieste, mais ça n'avait pas été le cas.

Le gros avantage quand il évitait de la faire le week-end (souvent parce qu'il n'avait pas envie de faire dodo et préférait profiter de ses parents), c'était qu'en retour, « très souvent », au moment du coucher, il tombait comme une mouche (je veux dire par là qu'à 21 heures on le posait au lit, et qu'à 21 h 05 il dormait, contre 22 heures en temps normal). Ça nous faisait de plus longues journées, certes, mais ça nous permettait aussi d'avoir de vraies soirées, choses qui se faisaient de plus en plus rares ces derniers temps.

Mais ça pouvait être à double tranchant. On savait qu'il y avait une infime probabilité qu'il devienne insupportable, le manque de sommeil le rendant à fleur de peau, à hurler pour un oui ou pour un non (surtout pour un non). Le pire étant lorsqu'après nous en avoir fait baver depuis 6 heures du matin, car il avait sauté la sieste, il mettait trois plombes à s'endormir, parce que « trop fatigué pour réussir à se calmer et à tomber dans les bras de Morphée », et dans ces cas-là, il nous sortait son habituelle panoplie de « en fait, moi je », et de ses « pourquoi ? » On avait ensuite droit à des *Petit papa Noël* à tue-tête, et pour conclure à des « moi veux pas faire le gros dodo » pour le cas où l'on ne s'en doutait pas déjà ; au moins c'était clair.

Plus pour faire plaisir à ma famille (qui me demandait pourquoi on ne voyait pas un spécialiste, car ces soucis de petites nuits ne pouvaient plus durer) que convaincus par la démarche, on avait pris un rendez-vous courant février avec une pédopsychologue, spécialiste (entre autres) du sommeil de l'enfant.

Je crois que plus que tout, ce que j'appréhendais était qu'elle nous explique des choses que pour ma part je refusais d'entendre, comme quoi on ne devait pas céder à ses caprices et parfois son chantage (les soirs où c'était moi et non sa mère qui veillait à côté de lui, ou par rapport au fait qu'il préférait dormir par terre plutôt que dans son lit), l'empêcher de ressortir de sa chambre une fois « la phase d'endormissement en cours », ne pas lui donner un biberon s'il se réveillait à 3 heures du mat (et qu'il finisse sa nuit ailleurs que dans son lit avec sa mère), bref : qu'elle nous fasse comprendre que ses problèmes ce n'était pas lui, mais ça ne pouvait être que nous. L'avenir nous dirait si j'avais raison ou tort de redouter ce rendez-vous.

Après, je savais qu'on n'était pas les seuls à devoir affronter ce genre de petits tracas, il y avait de nombreux témoignages autour de moi qui attestaient de soucis similaires (difficultés à faire dodo pouvant aller jusqu'à 2 heures le soir, réveils nocturnes aléatoires, refus de se rendormir, etc.) et ma femme m'avait également rapporté que pas mal de *Marsettes* devaient aussi faire face à des situations du même genre. Ça finirait probablement par se tasser au moment où la sieste de l'après-midi disparaîtrait, soit au moment de l'entrée à la maternelle. D'ici là, il faudrait apprendre à faire avec.

Mais il y avait un autre sujet autour de la propreté qui nous agaçait et dont je me serais bien passé. Je ne m'étais même pas donné la peine de l'énumérer dans ma longue liste de « principes », tellement ce serait évident qu'il ne le ferait pas. Comment dire les choses sans choquer ? De toute façon, on va supposer que vous n'êtes pas en train de dévorer ce livre pendant que vous êtes à table ? Si c'est le cas, finissez votre plat avant de continuer cette lecture.

C'est bon ?

Alors on peut y aller. Léon adorait manger ses crottes de nez. Voilà. C'est dit, c'est dégoûtant, on sait, ça nous désolait aussi. Mais ce n'est pas tout, son grand jeu, une fois avoir attrapé un « mickey » et mis sur son doigt, c'était de nous le montrer, visage tout souriant, et de prononcer déjà à moitié mort de rire : « Tiens, goûte ! » Alors merci, mais non merci, hein... J'étais tellement loin de supposer qu'il pourrait faire ça... non, pas mon fils ! Eh ben si.

Comme à l'accoutumée, on ne savait pas vraiment trop quoi faire par rapport à ça. Comment réagir ? On se doutait qu'on ne devait pas non plus trop le réprimander, car étant dans sa crise de « petite adolescence », il aurait pu se mettre à le faire uniquement parce qu'on le lui avait interdit. Et puis bon, niveau dangerosité, on n'était pas non plus sur quelque chose dans le haut de l'échelle, hein.

Plusieurs fois, on lui avait expliqué que ce n'était pas bien, que c'était sale. Là où c'était plus embêtant, c'était surtout qu'à force de se curer le nez (on lui disait régulièrement « tu veux mon doigt ? » sauf qu'il le prenait et tentait de l'insérer dans ses narines en se marrant... *spoil* : ça ne rentre pas), il lui arrivait d'avoir de petits saignements : et dans ce cas bien précis, ça devenait bien plus dégoûtant (surtout lorsqu'on tentait de l'attraper pour lui essuyer les doigts, et qu'il se mettait à courir partout et à se moucher dans les rideaux de sa chambre...).

J'en avais parlé à son assistante maternelle, lui demandant par la même occasion si elle avait vu beaucoup d'enfants faire ça, et il y en avait relativement peu de son point de vue. *Youpi.* On avait donc la pépite !

— Et comment réagissez-vous face à ça, je suppose qu'il le fait aussi chez vous ?

— Moi, je lui ai expliqué qu'il ne devait pas faire ça, car c'était sale et qu'il y avait des microbes, et qu'il pourrait tomber malade s'il continuait à en manger.

— Et ça marche ?

— Ça dépend des fois.

J'aimais bien cette argumentation. Sauf que, comme chacun des chapitres et des points importants que j'aborde dans ce livre, j'avais bien rapidement été me documenter (entre deux lavages de rideaux) sur Internet... et j'étais tombé de ma chaise en découvrant ce qui suit :

D'après une étude du chercheur canadien Scott Napper, le fait de manger ses crottes de nez pourrait tout simplement « contribuer à stimuler leurs défenses immunitaires ». Oui, vous avez bien lu. Consommer les bactéries des « mickeys » (qu'on soit enfant OU adulte) fonctionnerait ainsi comme un médicament, et renforcerait donc votre système immunitaire. Encore mieux, selon le spécialiste autrichien le professeur Friedrich Bischinger, « les gens se curant le nez sont plus heureux et en meilleure santé que les autres » (avis à prendre avec des pincettes, car un autre expert médical précise que « si cette habitude prend beaucoup de place, ça peut être aussi le signe d'une certaine anxiété, comme les enfants qui se rongent les ongles sans arrêt »).

Et ce n'est pas fini... La morve permettant d'empêcher les bactéries de coller aux dents, les scientifiques seraient donc en train de chercher comment reproduire du mucus synthétique qu'on pourrait rajouter à du dentifrice, voire qu'on pourrait consommer en chewing-gum. Vivement un dentifrice nouvelle génération ! (non)

Vous l'avez en tête la dragée surprise dans Harry Potter qui avait le goût « crotte de nez » ? Vous la trouverez peut-être bientôt dans des sachets de bonbons, avec cet encart publicitaire : « Excellent pour le système immunitaire de vos enfants ! » Le jour où ça sera le cas, je suis sûr qu'un grand nombre de conducteurs de voitures (se croyant bien cachés derrière leur vitre teintée au feu rouge) devraient pouvoir avoir suffisamment de matière première pour les prochaines décennies.

Il n'y avait plus qu'à espérer que cette habitude lui passe avant de rentrer à l'école, car pas dit que ses petits copains voient le côté bénéfique de la chose (déjà que nous on avait du mal)...

Chapitre 15 : Changements

2 ans et 11 mois.

Et puis un jour, tout avait commencé à aller mieux (bon, ce répit n'avait pas duré bien longtemps, mais c'était juste pour préciser que parfois, il y avait de l'amélioration...).

Léon avait subitement arrêté de baver, comprenant probablement que ça devait lui irriter le menton. Certes, il négociait toujours pour qu'on le change ou qu'on l'habille (souvent par rapport à l'heure indiquée sur le cadran du four), mais une fois le délai écoulé il disait : « Quand c'est 30, on va s'habiller.... C'est 30, on peut y aller ! »

Les week-ends de ces deux premiers mois de l'année avaient été particulièrement pluvieux en région parisienne, mais malgré tout, on arrivait à passer des journées complètes, sans sortir ou presque, sans trop de crises. « Ce soir, c'est le gros dodo avec papa ! » disait-il avec virulence, pour nous faire comprendre qu'il avait bien intégré l'information : enfin, on réussissait à l'endormir à tour de rôle, ce qui signifiait du temps (et du repos) pour ma femme, qui était parfois à bout de ces réveils nocturnes trop fréquents, et qui commençait à en avoir assez d'avoir à perdre en plus de ça une heure à ses côtés, tous les soirs, le temps qu'il trouve le sommeil (sur elle, la plupart du temps...).

Et s'il ne parvenait toujours pas à s'endormir rapidement, on avait fini par au moins se satisfaire du fait qu'il n'avait ni besoin d'un doudou ni d'une tétine pour y arriver (contrairement à sa petite copine chez l'assmat, qui elle par contre, faisait déjà dans le pot... On ne pouvait pas gagner sur tous les terrains). Progressivement, nous avions réussi à alterner le rituel du dodo : un soir c'était avec maman, l'autre c'était avec moi.

Alors bien sûr, il y avait aussi des moments où il nous réclamait la tablette (le fait de découvrir le menu « spécial enfant » permettant de limiter les applications utilisables fut une révélation pour nous... Adieu publication improbable sur

Facebook, story Instagram d'un selfie accidentel et e-mail incompréhensible envoyé par erreur à tout votre carnet d'adresses), ou plus souvent le téléphone de maman (pas le précédent qu'on lui avait mis de côté hein, non, ça aurait été trop facile, son actuel). Si initialement il prétextait vouloir l'utiliser pour faire « les couleurs » (comprenez jouer à tâtons à Candy Crush) au bout de quelques minutes, il se mettait sur YouTube et surfait, de vidéo en vidéo, alternant *Peppa Pig*, *T'choupi*, *Simon Lapin* et d'autres vidéos improbables, parfois dans des langues qu'on ne pouvait même pas reconnaître. Il s'agaçait lorsqu'il arrivait sur des contenus payants, c'était en général ce moment où il revenait vers nous en nous disant : « Ça marche pas ! En fait... moi je voulais regarder *T'choupi*, mais ça marche pas... » (le duo « en fait/moi je » était devenu un classique, et parfois on le chahutait à ce propos).

La plupart du temps, on lui bornait l'utilisation de ces écrans dans des durées bien précises, en lui expliquant : « quand c'est tel nombre sur l'horloge du four, tu arrêtes ». Il répondait « oui ». Parfois, il lui arrivait de nous le redonner en disant : « Moi j'en ai fait beaucoup ». Mais le plus souvent, il grappillait quelques « encore un épisode ! » avant de céder. Pour que cela se termine sans heurts, il fallait que ce soit lui qui l'éteigne et nous la remette en main propre : le cas échéant, ça pouvait rapidement partir en de grosses colères (oui, le Terrible Two était loin d'être terminé, et s'il était capable de se mettre dans des états impossibles en moins de deux, sa frustration restait une terrible ennemi qu'il avait toujours du mal à dompter).

Je dois bien l'admettre, parfois, la tablette/le téléphone/un écran (appelez ça comme vous voulez) ça permettait aussi de tuer dans l'œuf de potentielles crises de larmes, lorsque par exemple le matin, mal réveillé, il n'acceptait que moyennement l'idée que sa mère parte au travail (et que comme d'habitude, ce soit son père qui l'emmène chez sa nounou). Quand je sentais qu'il était sur le point de partir en crise (un peu comme à un junky en manque de drogue), je lui disais : « Tu veux voir *T'choupi* sur le téléphone de papa ? » (alors qu'il y avait déjà *Simon Lapin* en *replay* à la télé, hein) et *pouf*, il retrouvait le sourire. C'était vil, mais bien pratique (et rassurez-vous, je me traitais de mauvais parent en faisant ça).

Alors bien entendu, inutile de dire que ça faisait pas loin de trois ans qu'on avait en tête le mantra suivant : « pas d'écran avant 3 ans » (voire 6 ans chez certaines sources). Que ça vienne de nos mères, de tous les articles de Google Actu ou des réseaux sociaux (où dès lors qu'un parent faisait ça, il basculait définitivement du côté obscur de la force : son gamin serait irrécupérable, car son cerveau aurait cramé [j'exagère à peine]), on était conscients que ce n'était pas forcément une bonne chose. Néanmoins, on se disait aussi qu'il n'était pas en permanence dessus, et qu'on arrivait à cadrer des temps d'écran entre d'autres activités plus manuelles ou interactives.

Et puis d'une part, quand votre gamin se lève tous les jours entre 5 h 45 et 6 heures, jusqu'à 8 heures, c'est dur de trouver de quoi l'occuper. D'autre part, il allait bientôt avoir 3 ans... Bon OK, c'était l'argument de la mauvaise foi (surtout qu'on avait commencé à nous dire ça alors qu'il venait d'avoir 2 ans...).

On avait d'ailleurs tenté de lui faire avaler un dessin animé en entier : *Minuscule*, l'histoire d'une petite coccinelle qui devient copine avec des fourmis. Sauf que ça commence par un drame familial : un abandon... Et ce détail avait traumatisé notre petit Léon pendant un long moment, et régulièrement, alors que de chouettes actions se produisaient, il nous demandait : « Mais, ils sont où son papa et sa maman ? Peut-être ils sont partis ? » ; on avait rapidement préféré avorter cette expérience. À la suite de ça, pendant les fêtes de Noël, on avait eu l'occasion de revoir de vieux Walt Disney.

Je ne sais pas vous, mais pour ma part, je me suis toujours dit que je ferais un stock de tous ces dessins animés qui avaient bercé mon enfance, et que mes enfants (à l'époque où j'en voulais encore plusieurs) les verraient. J'imagine que feu mon père pensait pareil, lorsqu'il m'avait mis dans les mains le livre *Le Comte de Monte-Cristo*, son dessin animé de l'époque.

Inutile de dire qu'avec le temps et les divers déménagements que j'ai pu faire, ce fameux stock de DivX (dans une qualité médiocre) avait fini par être perdu. Un bien pour un mal ? Peut-être. Mais avec le recul, j'ai fini par me rendre compte du côté potentiellement traumatisant de ces dessins animés (qu'un adulte voit sûrement mieux qu'un enfant) :
-   Dans *Bambi*, sa mère est assassinée par des chasseurs quelques instants après le début (déjà, rien que ça, ça fait mal), et lui, il ne trouve pas mieux que d'être copain avec un lapin... qui s'appelle Pan Pan (ils avaient de l'humour à l'époque) ;
-   *Le Livre de la jungle*, où Mowgli est juste « abandonné à sa naissance » (lui aussi), avant de grandir et d'être

expulsé de sa famille de loups (car il représente un danger), parce qu'un tigre veut le dévorer ;
- *La Belle et le Clochard*, où une petite chienne se fait mettre à l'écart à cause de l'arrivée d'un bébé... ;
- *Peter Pan*, qui prend une autre tournure lorsque l'on sait qu'initialement, ce héros plus décrit comme « malveillant » dans le livre, kidnappe et amène dans une île archi-violente les mort-nés et autres enfants abandonnés de Londres (lorsqu'on connaît l'histoire tragique de l'auteur J.M. Barrie que je vous invite à parcourir, on voit également les choses d'un autre œil) ;
- *Mary Poppins* ! Ah ah, le grand classique. Si les chansons sont parfaites, ce film est juste monstrueux lorsqu'on le voit en tant qu'adulte : deux enfants essaient d'exister auprès de leurs parents qui n'en ont strictement rien à foutre d'eux tellement ceux-ci sont dans leur monde. Par chance, une superbe nounou va réussir à faire en sorte que ça se finisse bien (en plus de vous apprendre un nouveau mot que vous ne réussirez jamais à placer au scrabble, car pas assez de lettres : « supercalifragilisticexpialidocious », qui signifie... vous savez très bien ce qu'il signifie, voyons...).

Pour finir sur cette réflexion, la chaîne Disney+ a fini par rendre inaccessibles aux enfants (comprenez qu'il faut un profil d'adulte pour les voir) plusieurs de ses œuvres, car certaines scènes ont été estimées comme étant racistes (comme les Indiens dans *Peter Pan* ou les chats siamois dans *Les Aristochats*).

Du coup, en 2021, la question de « Quel est le premier Walt Disney pas trop violent et pas trop traumatisant qu'il pourra voir une fois ses 3 ans révolus ? » reste posée. En croisant les conseils qu'on avait pu voir sur Internet avec les souvenirs qu'on en avait, il n'en restait que peu :

- *Les Aventures de Bernard et Bianca* ;
- *Les Aristochats* (si l'on oublie le fait que le majordome cherche à s'en débarrasser) ;
- *La Reine des neiges* (ou pas, si vous n'avez pas envie d'avoir une certaine chanson en tête pendant des jours) ;
- Et enfin *Winnie l'ourson* (si vous êtes de la génération 80 comme moi, je suppose que vous vous souvenez de Disney Channel qui passait le samedi soir, présenté par un certain Jean Rochefort. Qu'il est loin, ce temps où l'on s'émerveillait de voir quatre marionnettes évoluer devant trois décors... Après quoi il y avait un dessin animé karaoké, puis les adultes reprenaient le contrôle du petit écran devant *Zorro* en noir et blanc...) et... c'est à peu près tout.

Je trouve ça triste, avec le recul, de voir à quel point les dessins animés qui nous ont pourtant bercés tout le long de notre enfance ont tellement vieilli qu'on n'aurait pas forcément envie de les montrer à nos enfants (après, je me souviens alors que je n'étais qu'à la maternelle, je regardais des dessins animés tels que *Cobra* ou *Les Maîtres de l'univers* qui sont incroyablement violents).

En attendant, une chance que *Peppa Pig* (que parfois il regarde d'ailleurs en anglais) et *Sam le pompier* (qui explique aussi les bons gestes à faire en cas de catastrophe) fassent le taf. Des dessins animés éducatifs : le rêve.

Alors que Léon était dans sa dernière ligne droite pour atteindre ses 3 ans, le début du mois de février allait lui faire un superbe cadeau (à lui et à des millions d'adultes restés enfants dans leur tête) : de la neige (en région parisienne). Il n'en avait jamais vu, et je ne vous cache pas le bonheur que c'est que de voir un enfant découvrir ça pour la première fois. Ces nouvelles sensations furent multiples : le doux craquement lorsqu'on marche dessus, le froid lorsqu'on en prend dans les mains, le goût plutôt inexistant lorsqu'on essaie d'en manger, et cette énorme boule que je lui ai faite non sans me souvenir de lointains hivers bien plus rudes que ces derniers temps : « Profites-en, mon fils. Les hivers durant lesquels il neigera, tu n'en verras pas beaucoup dans ta vie, alors profite. »

Le rendez-vous tant attendu chez la psychologue (spécialiste en endormissement) eut lieu un mercredi soir. Léon était tout excité, car pour y aller, on devait prendre le tram (c'était quelque chose qu'il adorait, et c'était jour de fête lorsque ça arrivait). Les premiers contacts avec la spécialiste furent plutôt bons. Rapidement, elle nous avait jaugés quand on lui avait parlé du fait que la technique du 5/10/15 avait échoué :

— Et vous, que pensez-vous de cette technique ?

— On la trouve un peu violente. En plus, elle est inefficace chez lui.

Pour avoir été un certain temps chez un psy, je connaissais bien ce principe qui consistait à nous poser la question afin qu'on trouve nous-mêmes la réponse. Après avoir vu qu'on était sur la même longueur d'onde, on lui avait raconté tout ce qu'on pouvait sur Léon, cherchant à identifier les choses qui n'allaient pas. Lui s'amusait sagement avec tous les jouets qui étaient à sa disposition : il ne donnait pas trop l'impression d'être intéressé par ce qu'on racontait, et se contentait de répondre « oui » quand on lui posait n'importe quelle question...

Si selon elle le fait qu'il préfère dormir par terre plutôt que dans son lit n'était pas un souci en soi, elle évoqua avec nous plusieurs pistes :
-   le fait qu'on ait mis un certain temps avant de nous dire « ça y est, bébé va venir au monde », fort de nos douloureuses expériences qui avaient précédé sa venue (deux fausses couches) : pour résoudre ce point, il nous fallait trouver les mots justes pour lui parler de ça, de ce quelque chose dont il n'était probablement pas conscient ;
-   son RGO qui l'avait fait souffrir durant les premiers mois de sa vie, et qui avait mis un certain temps à être détecté puis traité, et durant lequel la position couchée pouvait rimer avec la douleur à cause de ses régurgitations fréquentes : peut-être que son corps se souvenait de ce combo fatal et était habitué à un contact physique ; elle nous avait conseillé de le masser ou de lui proposer un coussin d'allaitement pour qu'il puisse s'y nicher ;
-   en continuant à creuser, on avait également supposé que Léon avait probablement une certaine appréhension à l'idée de grandir, que ce soit à travers le passage du pot qu'il repoussait ou au fait qu'il veuille qu'on le porte dans les bras. Il fallait donc lui expliquer que le fait qu'il avance dans la vie ne voulait pas dire qu'on l'abandonnerait pour autant : la spécialiste nous

avait conseillé un livre : *Le Fil invisible* de Patrick Karst, livre (québécois) qui permettait d'expliquer aux tout petits entre autres l'anxiété de la séparation, ainsi que la solitude et le deuil.

Cet entretien avait été intéressant, sans aucun doute. Mais comme il fallait s'y attendre, les difficultés d'endormissement ou de réveils nocturnes de Léon ont perduré. Il nous faudrait attendre, encore, et espérer que ça finisse par s'arranger.

Un autre sujet commençait doucement à émerger, et serait bientôt au cœur de nos préoccupations : la rentrée en maternelle de Léon. Les préinscriptions avaient lieu au mois de janvier, et nous ne devions pas louper le coche. Si l'enseignement dans l'école correspondant à notre secteur semblait correct, nous avions été surpris d'apprendre qu'ils étaient une trentaine par classe ! Soit dix de plus que lorsque j'y étais, à son âge.

Public ou privé ? École normale ou Montessori ? On ne s'était pas vraiment posé la question pour l'instant. On aviserait en fonction du ressenti. Mais lorsque certaines personnes ont un avis très dur vis-à-vis de ceux qui préfèrent envoyer leurs enfants dans le privé (car élèves plus suivis, conditions de travail supérieures, classes moins peuplées, etc.), gardez juste en tête que lorsqu'on devient parent, on tente d'offrir le meilleur à nos bambins, parfois en dépit du brassage social qu'offre l'école. Et quand on voit le nombre de jours où il y avait marqué « grèves de professeurs », on savait déjà que l'année prochaine un certain nombre de nos jours de repos seraient consacrés à ce genre de situations (en plus des congés dits « enfant malade »).

Il avait également fallu nous mettre à étudier une autre problématique (qui dans notre ville était un vrai sujet tant les procédures administratives étaient compliquées) : quid du mercredi ? La plupart du temps, soit les enfants sont gardés (parents ou grands-parents), soit ils vont en centre de loisirs. On avait cette option en tête, mais le système ubuesque que nous proposait notre commune (qui lui est propre, je suppose) ne nous faisait pas rêver : il fallait réserver une fois durant l'été tous les créneaux de l'année à venir, incluant donc les mercredis. Pour ceux qui loupaient le coche, il fallait ensuite miser sur des annulations qui étaient courantes, mais très prisées. D'autres systèmes (plus coûteux) nous étaient proposés et nous n'avions pas tardé à nous rapprocher de ces organismes avec notre petit Léon.

Nous avions visité une école de type « Montessori », pour l'occuper sur la journée du mercredi : au programme animation, cuisine, peinture, le tout en anglais bien entendu, dans un bâtiment flambant neuf. Ça donnait envie, mais c'était sans compter la fatigue potentielle à laquelle Léon devrait faire face dès septembre à cause de tous les changements en perspective, quand il quitterait ce petit cocon qu'il partageait avec sa copine et son petit frère chez son assmat adorée dans un peu moins d'un semestre. Nouveau rythme, nouvelles découvertes, nouvelles joies, nouvelles peurs, nouveaux copains, nouveaux ennemis. On avait finalement décidé de l'y inscrire, trois mois ça ne coûtait pas grand-chose (enfin si, financièrement c'était un petit gouffre on ne va pas se le cacher, mais ça se tentait malgré tout).

Tandis qu'il fêtait ses 3 ans et découvrait son cadeau : un vélo (qu'il ne monterait qu'une fois avant de décider qu'il n'était pas encore prêt pour ça…), l'école approchait à grands pas. Plus que quelques mois, un été, à la plage ce coup-ci, puis une semaine ou deux d'assmat, et enfin, il rentrerait (en espérant que d'ici là il soit propre) dans cet organisme obligatoire pour tout enfant (vacciné) dans sa 3e année : l'école.

Comme me l'avait soufflé ma sœur lorsque j'y étais rentré trente-sept ans plus tôt : « T'en prends pour un certain temps. »

Je m'imaginais déjà devoir gérer, voire angoisser face à de nouvelles situations : les futures joies, les peines, les petits et gros bobos, les conflits, les questionnements autour de la scolarité. Je me disais que contrairement à moi et le fait que je sois difficile, on ne retrouverait pas des feuilles de salade (qu'on me forçait à manger) dans ses poches le soir.

J'ai assez peu de souvenirs de mon passage à la maternelle. La cour était recouverte de sable, avec des petites pelles on faisait des pâtés et on se courait après. Il y avait aussi un tourniquet, un château en rondins de bois et des pneus avec lesquels on jouait (avec le recul ça peut faire sourire...). Dans les classes, il y avait des jouets, des coussins pour le coin lecture, des feutres, de la peinture, de la pâte à modeler. Le samedi matin, je crois qu'on ne faisait que dessiner. On avait aussi un préau sous lequel on jouait à se courir après (en se mettant des quilles creuses au bout du bras pour faire comme un héros de dessin animé de l'époque : *Cobra*).

Il y avait aussi un dortoir pour faire la sieste (où de mémoire seuls les enfants punis devaient y dormir, je ne m'y étais jamais rendu, c'était un endroit très mystérieux pour moi). J'ai aussi quelques flashs (merci les films au caméscope de feu mon père) plus que de souvenirs d'un spectacle de fin d'année où j'étais déguisé en Indien, et où je ne connaissais vraisemblablement pas les paroles des chansons qu'on chantait.

La honte. Je me rappelle avoir vu mon meilleur ami partir un an plus tôt visiter l'école primaire, car il était plus doué que les autres, et que moi. En 1986, alors que j'avais 6 ans, j'ai aussi le souvenir d'avoir appris la mort d'un homme apprécié de tous, un dénommé Coluche, des suites d'un accident de moto. Avec les feuilles de salade que je mettais dans ma poche pour ne pas les manger, c'est à peu près les seuls souvenirs que je garde de mon passage à la maternelle.

Quels souvenirs aura-t-il de ces trois ou quatre ans à la petite école ? Le système pédagogique a tellement dû évoluer en quarante ans... Je ne suis pas sûr d'être prêt à l'appréhender et à le comprendre, et à souhaiter bonne chance à mon petit Léon lorsque le jour de la rentrée, il sera en pleurs... Ou pas. Ou peut-être que ça sera moi, parce que je saurai qu'une page sera en train de se tourner.

L'avenir nous le dira.

Anecdotes et envers du décor…

Vous souhaitez en savoir plus sur l'histoire autour de l'écriture de ce livre ? Dans ce cas, il ne vous reste plus qu'à scanner ce QR CODE. Oserez-vous ? À vos risques et périls…

(En vérité vous pouvez y aller, c'est safe, promis).

Remerciements

Un grand merci à toutes celles et à tous ceux qui m'ont aidé à écrire ce livre,

À mon fils déjà, qui me rappelle tous les jours à quel point je suis fier d'être papa (même si des fois il me fatigue),

À ma femme, pour son aide et ses conseils dans l'écriture de ce livre mais surtout pour avoir fait un si bel enfant,

À « l'assmat » de Léon (qui se reconnaîtra) qui a fait, tous les jours durant lesquels elle s'en occupait, un superbe travail pour l'aider à grandir et à devenir autonome, le tout avec énormément d'amour et de bonne humeur. C'est en voyant les progrès sur tous les domaines qu'il a pu faire à son contact que j'ai rapidement compris que ça ne s'improvisait pas d'apprendre à un petit de devenir grand,

À Pia Imbar pour les illustrations (qui aurait cru que le destin ferait recroiser nos routes vingt ans plus tard…) ainsi qu'à @CameliaC_Auteur pour son excellent travail de correction et sa relecture, à @causette_mum_cre.active pour son aide en terme de comm,

À ma mère pour son aide à la relecture et ses conseils toujours bienveillants,

En vrac et dans le désordre en espérant n'oublier personne : @writecontrol (pour son système d'écriture),

À @JupiterPhaeton encore et toujours pour ses conseils et sa perpétuelle bienveillance,

Au préposé à la mare qui a cru bon de me prévenir qu'il ne fallait pas jeter de marrons dans l'eau de la mare,

À toutes les copines/copains (autrices/auteurs mais pas que) qu'ils soient papas ou mamans (dont beaucoup sont sur Twitter), et qui m'ont gentiment ~~motivé~~ ~~conseillé~~ forcé à écrire ce tome 2,

Aux personnes qui ont lu le tome 1, qu'ils l'aient aimé ou détesté, qui ont appris ou soupiré en le parcourant, qui ont rigolé ou pesté, qui grâce à mes mots se sont souvenus ou se sont juré : « jamais je ne deviendrai parent ! »,

Enfin, merci à toi, lectrice/lecteur de m'avoir lu. Sans toi je n'existe pas. Alors vraiment...

MERCI.

Un mot sur l'auteur

Mon nom de plume est Pierre-Etienne BRAM. Écrire est une de mes passions (en plus du volley-ball et du rock). Lorsque je n'écris pas, je programme des logiciels (c'est une forme d'écriture au final !).

N'hésitez pas à me suivre sur mes réseaux sociaux pour être au courant de mes nouveautés :

Site officiel : www.pierreetiennebram.com
Sur Facebook : www.facebook.com/pierreetiennebram
Sur Twitter : pebramauteur
Sur Instagram : pierreetiennebram

E-mail : pierreetienne.bram@gmail.com

Si ce livre vous a **plu**, n'oubliez pas d'en parler autour de vous et de mettre une appréciation (que ce soit sur Amazon, Babelio, Fnac ou autre) ! Je vous en serai reconnaissant à vie.

Contenu

Printed in Great Britain
by Amazon